U0014649

打造
學習駭客 **xdite** 鄭伊廷／著
超人筆記

科學增強記憶、梳理思維、能力攀升的全流程筆記法。

目錄

第 3 章

整理 ◆ 074

第 2 部　創造永恆實用的筆記系統

第 4 章

卡片筆記法＋軟體實戰：從基礎到高級，打造強大的筆記系統 ◆ 100

第 5 章

搜尋：如何探索未知問題的答案　◆　

■如何迅速定位找到過去寫的筆記？

■如何精確找到與當前問題相關的筆記，並加以利用？

■三種領域研究法：書齋科學、實驗科學、野地科學

第 3 部　任何創意工作都可以流水線化

第 6 章

應用　◆　164

打造超人筆記緣起

　　學習，是我們人生中最重要的課題之一，而在這個學習旅程中，筆記扮演著不可或缺的角色。對於許多人來說，如何在海量的資訊中找到關鍵，並且有系統地整理成筆記，卻是一個巨大的挑戰。

　　筆記的價值不僅僅在於記錄知識，更重要的是它能幫助我們整理思緒、理解概念，並加深記憶。透過筆記，抽象的知識得以轉化為具體的文字或圖像，讓我們更容易理解和記憶。

　　然而，很多人對筆記卻抱持著負面印象。他們覺得寫筆記繁瑣又無趣，只是為了應付考試或工作上的需求。他們可能會感到困惑，不知道該如何將大量的資訊整理成有組織性的筆記，或是如何將抽象的概念轉化為具體的文字或圖像。這樣的困境往往讓他們對學習產生矛盾的情緒，

甚至放棄學習。

我希望能幫助你解決這個困境。

在這本書中，我將介紹一套簡單卻高效的超人筆記方法。透過這套方法，你將能夠：

- 不再為課堂上的大量訊息或書本中密密麻麻的文字而焦慮。你將學會如何高效記錄資訊，輕鬆自如地做筆記。

- 以新視角重新組織腦中的知識，使其更容易記憶和應用。你將發現，原來你掌握的知識可以延伸出無限可能！

- 善用科技輔助，打造一套完全適合自己的筆記系統。你將能夠在不同的場景下運用此系統，快速提升工作和學習效率。

- 培養出更優秀的思考模式和記憶方法。持之以恆的筆記習慣，將使你的大腦運作得更高效。

本書分為三部分：

- 第一部分將教你建立一個長期有效的資訊記錄系統、快速完整捕捉想捕捉到資訊、有條理的消化整理資訊。

- 第二部分則著重於如何整理並組織這些資訊，讓你可以更靈活地提取和運用所學。

- 最後，第三部分結合科技，提供一系列技巧，教你把抽象的知識實際應用於生活和工作中。

這本書的目標是幫助你建立一個有效的筆記系統，讓你能夠更輕鬆地學習、理解和應用知識。

無論你是學生、專業人士還是對學習有興趣的人，這套超人筆記法都將對你有所幫助。我希望本書的內容能真正啟發讀者寫筆記、整理筆記、使用筆記的熱情，並賦予你極大的超能力，去實現自己的人生目標。

讓我們一起開始這個筆記世界的新冒險吧！

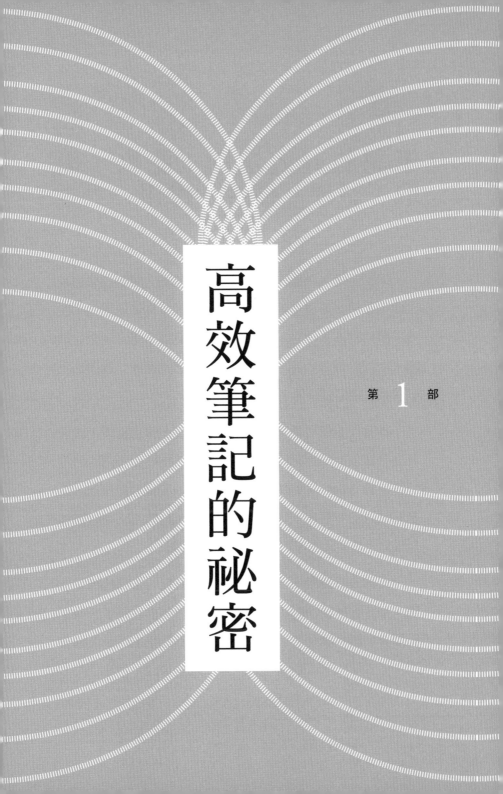

高效筆記的祕密

第 1 部

第 1 章

筆記的五大法則：記錄、提取、整理、搜尋、應用

　　筆記，是人類獲取和記錄資訊的基石，無論在學習或工作中都扮演著重要的角色。然而，大家寫筆記的效率和效果卻常常不太理想。無論是學生抄寫課堂筆記，還是職場人士記錄會議內容，我們常常面臨筆記雜亂、找不到重要資訊，或是靈感消失等等困難。

　　身為一名學習專家，我也曾經被這個問題困擾。我曾經試過許多不同的筆記方法和軟體，從最早的手寫筆記本，到後來的 Word+ 資料夾，再到使用 Evernote 收集筆記，甚至嘗試過心智圖和卡片筆記法。然而，這些方法和軟體都無法完全解決我在筆記時遇到的種種問題。

　　直到一個契機出現。當時我正在研究一套現代筆記軟體，並計劃舉辦一場功能讀書會。在會前，我做了一次意見調查，總共收到了一百多個回應。當時原本以為大家會

對這套軟體裡面的一些細節感到好奇，但是回饋的意見卻令我相當意外。大家對於這套軟體幾乎沒什麼疑問，提出的問題竟然多半是使用傳統筆記方法所遇到的困境。

這讓我意識到，過去我們對於筆記流程都有共同的錯誤認知。

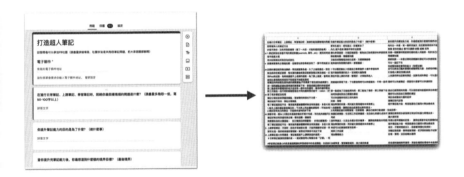

從問卷調查獲得一百多則使用傳統筆記方法遭遇的困境

本來這個讀書會的初衷是交流這套軟體的功能。但在看完大家的問卷回饋後，我發現大家更想知道的是最基本的問題：究竟如何做好筆記？

讀書會的方向或許走偏了，但讓我窺見到一個驚天祕密：筆記，這個我們在學習旅程中最常使用的工具，從未在過去的教育體系中被教授過如何運用。我們大多數人都是依靠直覺，以一種近乎暴力的方式來寫筆記。

因此激起起了我的好奇心和研究興趣。

▌ 重新梳理流程

那麼，共同的瓶頸在哪裡？

我將收集到的問題做了標記後，發現在這個領域中存在著十幾二十種、甚至更多不同類型的困擾。

筆記困擾

想學習神人的筆記方法 #筆記方法

抄寫不夠快，沒有萃取到精華（寫了一大段才知道前因後果），整理不知道怎麼歸類，後面複習沒法快速內化。 #速度

筆記散落在各種不同的筆記軟體（evernote，幕布等等），要找的時候還要想一下到底放在哪裡。 #系統

整理筆記很花時間，但有些筆記整理之後就再也不見天日，久了也就忘記曾經記過這個筆記了。 #費時間 #遺忘

不容易看出筆記之間的連結關係 #連結

數位筆記不如紙本筆記方便記憶 #記憶

但紙本筆記又不如數位筆記容易收藏 #收藏

自己會依不同情境同時使用不同型態的筆記，但如何整合也是一個大問題 #情境 #整合

寫字速度太慢。 #速度

流水記錄無法有效改為系統化 #系統化

我覺得要事先分類最討厭，這樣想法很容易就沒有了，要不然就是分類分一大堆，重要的內容都沒有 #分類

記錄的筆記經常無法歸納，記完就散落各處，久了之後就遺忘，對於如何整理筆記常常感到困擾，需要用到時，又會覺得需要重要先再來，沒有效率 #歸納 #遺忘 #整理 #效率

無法與其他筆記連貫，每版書的畫線或是記錄都是獨立無法連結，以致整理費時或是片段。 #連貫 #畫線

用 iPad 來記錄，有時候會跟不上老師的速度，為了跟上速度，會用拍照的方式，但是在二次整理的時候會花很多時間，想要一次工作完成。 #速度 #整理 #拍照

做完筆記應用的時候找不到，或是不知道怎麼找。 #尋找 #速度

寫筆記的時候要怎麼快速的摘要重點（不同場景下要怎麼快速摘要？） #速度 #摘要

第一個問題點是通知要停課同事要寫下來，會造成邊記載的時候漏掉了題的部分，後來及使用錄音機自動變成文字的時候又因為太瑣碎，整理起來也很費勁。 #記錄 #聲音 #瑣碎 #費勁

很多整理完的地方沒有一個中央的儲存，最佳的儲存整合不同的形式，因為有些時候是一些照片的資料。 #儲存 #形式 #照片

過去一些不同的筆記散落在不同的應用程式中，notion，文字檔，PDF，這些沒有被統整在一起，寫了很多筆記沒有用。 #料位 #整理

筆記分類或者是標籤很雜亂，要搜尋的時候也不方便。 #分類 #標籤

筆記速度不夠快，筆記分類雜亂。 #刷淨 #速度整理

#速度	#筆記本
#整理	#記錄
#分類	#重點
#搜尋	#複習
#遺忘	#串連
#連結	#儲存
#關鍵字	#應用
#整合	#費時
#手寫	#記憶
#系統	#錄音

進一步分類整理這些問題之後發現，原來大家對筆記真正的困擾並不是單純「如何記錄」以及「如何重新應用」。實際上可以分為五大類，分別是：記錄、整理、搜尋、應用、軟體。

#速度	#筆記本	記錄
#整理	#記錄	整理
#分類	#重點	
#搜尋	#複習	搜尋
#遺忘	#串連	
#連結	#儲存	應用
#關鍵字	#應用	
#整合	#費時	軟體
#手寫	#記憶	
#系統	#錄音	

- 如何快速記錄？

- 如何有效記錄？

- 如何快速整理？

- 如何有效整理？

- 如何快速搜尋？

- 如何有效搜尋？

- 如何快速應用？

- 如何有效應用？

- 要用哪些方法、工具、軟體做到上述這一切？

而且五組關鍵字是以這樣直觀順序排列的：

記錄
整理
搜尋
應用
軟體

記錄 ⟶ 整理 ⟶ 搜尋 ⟶ 應用 ⟶

軟體　　　軟體　　　軟體　　　軟體

乍看之下，讀者可能覺得這張全新的流程圖十分合理，它彷彿描繪出我們的筆記流程就應該是這樣進行的。那麼，為何我們在日常筆記的記錄與整理過程中仍然會遇到困難呢？

原因在於，我們真正在做筆記時並不是這樣執行的。

▌ 90% 筆記術都有同樣的重大誤區

市面上幾乎所有的筆記法都在使用同一個流程：

同時記錄與整理

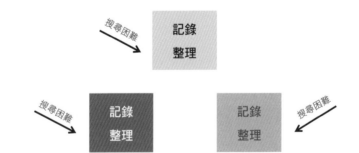

同時「記錄＋整理」這樣的方法似乎合乎人類直覺，但是這個方法在後續實際操作上，特別是需要搜尋筆記內資訊時，卻變得相當困難。同時，若後續要將多本筆記的資訊整合在一起也幾乎不可能，需要付出極大的努力。

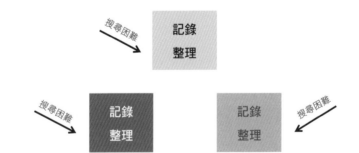

市面上大多數的筆記法用記錄整理方法，搜尋並不容易。

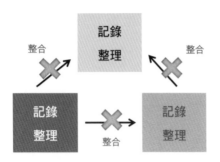

幾乎不可能整合多本筆記

▌ 讓大腦停止手忙腳亂的筆記術

同時記錄與整理對一般人雖然是個很直觀合理的筆記技巧。然而，在我反覆深思筆記這門學問之後，我發現這種方法其實非常違反人類大腦的運作原理。怎麼說呢？

讓我先來慢慢解析人類大腦在上課時的思維過程，希望能幫助你更深入理解這個問題。

在上課時，一般人的大腦是這樣運作的：首先，我們會接收到許多講者提供的資訊和觀點。

講者的觀點

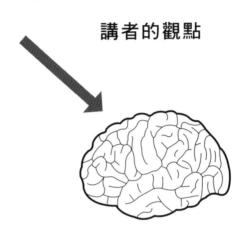

接著，你會根據這些資訊形塑自己的見解和解讀。這時候，大腦會開始快速運作，湧現出無數的想法。

講者的觀點

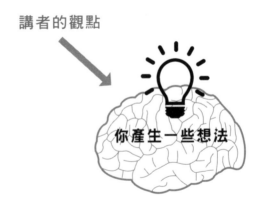

你產生一些想法

這時候，大腦面臨一個決策問題：

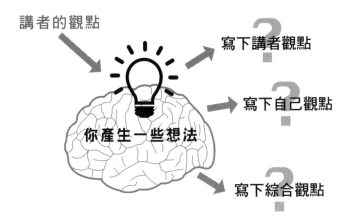

接收到外界的訊息時，我們到底應該記錄

- 講者的觀點？

- 自己的想法？

- 或者兩者的結合？

這也恰恰是我們在做筆記時最容易面臨的困境。

■ 按下暫停鍵，平移時間軸

要如何解開這個問題呢？一個簡單的方法是將這些問

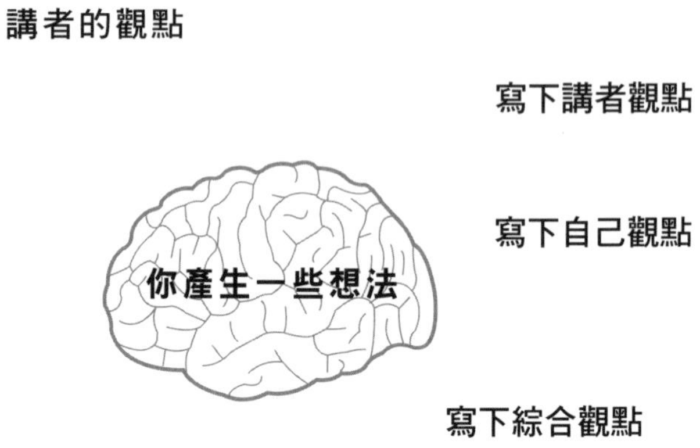

講者的觀點

寫下講者觀點

你產生一些想法

寫下自己觀點

寫下綜合觀點

題分開處理，不要同時處理，一個一個逐個解決。

現在有許多科技輔助工具，所以我們可以這樣做：使用錄音筆、錄影機、相機來「記錄講者觀點」，捕捉資訊。這樣一來就不會有「來不及抄」或「記錄不仔細」的問題。然後就有足夠充裕的時間「寫下自己觀點」。光是按下暫停鍵，加入一點科技流程，就可以產生很大的改變。

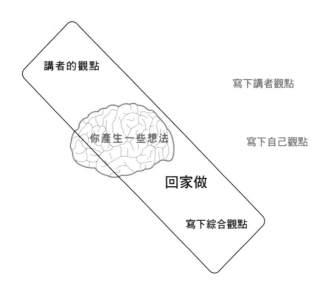

▌ 在時限內整理複習

當然，只有前兩者是不夠的，因為未經整理並內化的內容無法長久留存在大腦中。

我通常的建議是，在初步抄寫記錄後，應該在一定的時限內（大腦記憶的保鮮期限通常是回家當天、當週末，或兩周內）撥出時間，將「講者的觀點」與「自己的觀點」這兩份資料，整理出「綜合觀點」，再進行有效的吸收。

這才是執行一份有效「上課筆記」的完整流程。

▋ 利用筆記術進行減壓學習

在過去，我們往往將「筆記」的重點放在「如何快速記錄資訊」上。然而，我認為筆記術的真正核心，應該是學習如何利用筆記來「學習」。畢竟我們記筆記的初衷，始終是為了「學習」。

筆記的存在，本就是為了降低學習過程當中，我們大腦儲存／處理資訊的壓力：

1. 緩衝過濾外界大量的資訊

2. 切成可以進入大腦的尺寸大小，讓大腦可以梳理排序，搭成有效的記憶網路。

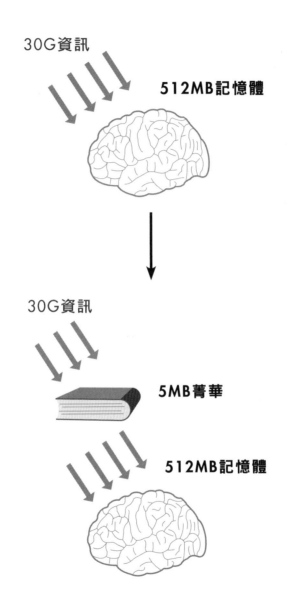

30G資訊

512MB記憶體

30G資訊

5MB菁華

512MB記憶體

只是過去大家都在第一關就摔倒了。就算僥倖能闖到第二關，通常也會因為種種因素（耗時、費力、部分遺忘）而放棄。

因此我認為，有效的筆記術應該包含三個要素：

1. 明確的目標：最終目的是為了提升我們的學習效果。

2. 清晰的流程：重新理解資訊進到大腦需要五道流程：記錄→提取→整理→搜尋→應用。

3. 工具的運用：合理利用現代工具輔助，降低大腦的儲存與搜尋壓力

最終達到筆記境界的終極理想：

- 迅速捕捉資訊。

- 輕鬆整理資訊。

- 快速搜尋到所需資訊，並將其實際應用。

- 用同樣的流程不斷增添新筆記，並將其與過去的研究、洞見等相互連結，逐步累積成自己的私人知識庫。

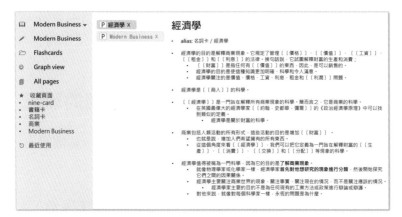

我的經濟學筆記知識庫

乍聽之下似乎需要投入不少精力。讓人不禁問，一般人做得到嗎？

我向你保證可以做到。事實上，這一套流程比傳統筆記法更輕鬆省力，實際操作起來遠比你想像的簡單。許多我的讀書會成員採用了這一套流程之後，僅用了一天的時間就掌握了精髓，短短三天內就深深著迷，成為了筆記狂魔。同時，他們也成功建立了自己的知識寶庫。

我寫這本書的一個原因，正是用著用著發現，新的「合理」的筆記流程實際上對比起來更簡單更高效，可以解決

很多人的筆記痛點，因此想要與更多人分享，造福更廣大的讀者。

▋ 解開無窮迴圈，寫出有效又有用的筆記

我們在本節前段點出了做出高效筆記的第一個關鍵方法：放棄同時「記錄」與「整理」

接下來，我們將深入探討這套筆記方法的流程步驟：

- 記錄

- 提取

- 整理

- 搜尋

- 應用

一步一步地探討，深入理解這些步驟，你的筆記流程將會變得更加高效和有效！進一步你會發現，在短短幾天之內你已經變身成筆記達人。

第 2 章

記錄

　　許多人陷入筆記無窮無盡的惡性循環，主要是因為他們無法區分「記錄」與「整理」這兩個過程。

　　更令人遺憾的是，市面上的筆記書籍有時會不當地強化這種誤解。我自己也閱讀過許多本筆記書，但很少有一本能夠清晰地闡述這一點。

　　在此我要特別強調，想要提升筆記技巧，我們必須反

覆釐清這個概念：

記錄是記錄，整理是整理。

記錄是記錄，整理是整理。

記錄是記錄，整理是整理。

將這兩者區分開來，是有效筆記的首要步驟。

因為從人類的大腦原始設計上來說，天生就是完全無法做到「同時記錄＋整理」的筆記工作。

在我所著的《打造超人大腦》與《打造超人學習》兩本書中，我曾經不斷地強調一個基本觀念：人類的大腦就像一個單工型的中央處理器，它在接收資訊的速度上有其上限，在同一時間內只能記住三到五件事情。

回到上課抄筆記這件事情上，上課時我們不僅需要暫時記住講者提及的多項資訊，將其抄寫在紙上，同時間還要捕捉到自己腦袋中產生的幾個想法。更進一步還需要在同一時間決定：要記錄下哪些資訊？講者的觀點？還是自己的想法？

這就好比在一秒鐘內必須同時做出十幾個決定。退一

步思考，這真的有可能做到嗎？

過去我們總以為同時記錄和整理筆記是可行的，這種觀念源自於從小受到的教育以及科技的限制，讓我們認為這是理所當然的事情。然而我們卻未察覺到，同時記錄和整理就大腦機制而言是不可能的，也是無意義的。

在科學數據上，人類的說話速度每分鐘大約為 250 個字，是打字速度的 4 倍，更是手寫速度的 10 倍。聽眾根本無法跟上演講者的說話速度用手寫記錄。再者，在聽課這件事上，真正有意義的輸出是什麼呢？是自己產生的見解，不是演講者的原始內容。

因此，我認為「同時記錄和整理筆記」這件事實際上是人類做不到而且沒有意義。只有當我們放下這種固執觀念，筆記的技巧才有可能突破。

▍ 使用速度更快的工具或方式做記錄

我們對於同時記錄和整理筆記的想法如此堅持，主要是因為內心深處對以下兩點感到恐懼：

• 擔心遺漏重要的訊息。

- 擔心在課後沒有足夠的時間重新整理筆記，從而忘記課堂上的內容。

但科技高度發達，如今我們已經擁有許多工具可以解決記錄筆記的困擾。例如，錄音機和錄影機可以完整記錄老師的講解，相機（甚至是手機相機）可以迅速捕捉投影片的內容。

此外，當前的語音識別技術已經非常成熟，例如中國的訊飛聽見能夠識別中文語音，準確率高達 97%。你也可以用 OpenAI 的 Whisper 來做到這件事。

所以，我們完全可以把記錄這項任務交給先進的機器來完成。這樣一來，就可以將注意力和精力集中在記錄自己在課堂上產生的想法和見解上。

▌ 在記憶的有效時間之內做整理

我們遭遇的第二大挑戰是，即便有做筆記的習慣，卻無法抽出時間來整理筆記。或者，當我們終於有時間時，課堂上的記憶已經模糊不清，無法有效地整理。

我們可以採取一些技巧來解決這個問題。因為如果沒有立即整理和消化資訊，我們仍然能在一天之內回憶起大部分的內容。一旦超過一周，我們的大腦將會忘記超過一半。過了兩周之後，我們就幾乎忘光了。

所以，在**一天、一週、兩週**這幾個關鍵時間點做初步整理至關重要，這樣我們就能保留有效的訊息，避免遺忘。

▌ 所謂的整理是用自己的話講一遍

雖然我們都知道及時整理筆記很重要，但大多數人實際上對此非常害怕。普遍的印象是認為整理筆記工程龐大，需要花費大量時間來完成。

以我的經驗，整理筆記沒有那麼可怕。因為實際上，我們可以將整理筆記分為「粗整理」和「細整理」兩個階段。

按照人腦的機制，我們用自己的話重新講述上課內容時，已經是一次「粗整理」。因為大腦重新組織過這些訊息，並且用對大腦有意義的結構把它們連接起來，然後透過口述重播這些訊息。

只要經過一次這個流程，大腦就會對這些訊息留下印

象。因此，即使真的沒有時間專心坐下來，重新組織自己手抄的筆記和機器錄製的語音檔、逐字稿。但是若額外花個五分鐘時間，「憑著印象把上課學到的東西大致講一遍」總該不會太難吧？這通常還是下課時間可以立刻做的事，對吧？

此外我們還可運用一些小技巧。例如，把自己重新整理的內容用手機錄下來（若能開直播分享給朋友聽，效果會更佳。因為向朋友解說時，我們的語言組織和意圖會更清晰）。再將這段影片用聽譯軟體轉成文字。

因此，「記錄與整理分開做」並沒有那麼費工，甚至且必要。只要掌握正確的方法，甚至可能比原先的流程輕鬆許多。

▌ 不同場景使用不同的記錄技巧

當然，並不是只有上課時才需要做筆記。我們只是以上課為例，簡單說明「記錄和整理」的觀念。日常生活中還有許多不同的情境需要做筆記，所需要的解決方案、工具和技巧可能截然不同，但基本理念卻是相通的。

以下我會以生活中常見的情境為例，一一介紹破解的方法。

2-1

筆記的速度與效率：
分開「記錄」與「整理」

在正式進入之前，我想先談一點提升筆記效率與日後查找內容的小技巧。

之前提到，其實我們完全有能力利用科技來取代「筆記記錄」的工作。但事實上，我們可以更進一步，使用科技來取代「大腦儲存」的工作。

這是什麼意思呢？

人類的大腦之所以容易忘記是因為容量有限。而我們的「記憶」並不是「資訊」本身，應該這樣說，人腦80%的記憶只是通往「資訊」的「索引」。因此，實務上，我們沒必要去硬記許多事物，反而應該將這些資訊儲存在可以快速調用的設備上。

一般人管理自己的筆記時，常常遇到一個困擾，那就是在需要查閱筆記時往往很難找到或有效調用。

因此，替代的做法是：我強烈建議把這些資料和資訊直接變成電子化的檔案，例如儲存在 Dropbox 上，這樣就可以隨時存取。然後簡單地整理檔案，如此一來就可以實現「一次寫入，隨處存取」。

■ 1. 將檔案變成文字

　　在日常生活中，常見的資訊載體可以分為五大類：

一般來說，我會將文字、書籍和影像檔案整理成文字檔案（而聲音檔案和影像檔案則可以透過聽譯軟體轉換為文字）。

這樣做的優點在於，現今的電腦內建搜索功能非常強大，只需輸入關鍵字，便能輕鬆找到所需內容。將聲音檔案和影像檔案轉換為文字檔案的好處更在於，它能夠節省回顧內容的精力，快速定位到所需部分，並且能夠搜索段落資訊。

2. 將檔案變成照片

而我會將「圖片」和「書籍」變成圖片（拍照存成影像檔），在路上看到有趣的事物，在臉書看到有趣的文章，用截圖功能保存下來。

用符合大腦特性的方法建索引

為何要特別強調這兩種方法？因為我們的大腦通常只採用兩種方式回憶事情：

• 按照日期

- 按照關鍵字

一般來說，手機內保存的照片都是用日期排序。只需輕輕滑動就能找到前幾天、前幾個月的資訊。而有了電腦的幫助，即使只記得簡單的關鍵字，也能輕易找回當初保存的大量訊息。

使用這種方法，我們實際上不需要使用特殊的筆記軟體來做筆記，只需利用手機和電腦內建的功能（拍照、截圖、文件搜尋），就能快速且輕鬆地找到所需的訊息。

圖片　　書籍　　轉成圖片

文字　聲音檔案　影像檔案　轉成文字檔

▌ 五種情境模式

接下來，我會基於上述的概念講解適用於不同情境的筆記方法，高效且有效地做筆記。

你可能會問，為什麼不同的情境需要不同的筆記方式？這是因為每種情境的「目的不同」，所需的記錄結構與方式也會跟著有所不同。

- 隨手記需要快速捕捉重要的想法和資訊。

- 上課筆記需要具備組織性和完整性。

- 讀書筆記需要深入的思考和分析。

- 會議筆記需要快速捕捉並產生會議行動點。

- 練功筆記需要設定目標並進行反思。

選擇適合的筆記方式和工具，能夠幫助我們更好地記錄和理解內容，進而提升學習和工作效率。

2-2

隨手記：
區分「稍後閱讀」與「稍後行動」

　　首先我們要來探討隨手記的概念。這種筆記方式專為於快速捕捉重要的想法和資訊而設計。

　　當我們在生活中深入追蹤一個引人入勝的觀點或一個關鍵事實時，隨手記錄下來是避免忘記的最好方法。在這種情況下，你可以利用手機的內建功能，如語音筆記或快速筆記備忘錄，隨時隨地記錄下自己的想法。

　　隨手筆記還分成兩種方向，一種是「稍後再讀」，一種是「稍後行動」。

▌稍後再讀 Read it Later

　　當我們在閱讀文章或是網頁時發現了一些有趣或是重要的內容，卻因為時間不足無法仔細閱讀或處理，可以利用「稍後再讀」的策略，將文章或是網頁連結記錄下來，以便日後有時間再來閱讀。

許多工具和應用程式都可以做「稍後再讀」的筆記，例如非常受歡迎的 Evernote Clipper，能幫你將文章、網頁和影片保存到你的帳戶中，方便你稍後閱讀。此外，也可以在瀏覽器上安裝 Pocket 的擴充功能，以便隨時保存有趣的內容。

▌稍後行動 Do it Later

「稍後行動」的概念是指，在你忙碌的時刻突然想到一些待辦事項，但是目前無暇處理。這時可以用隨手筆記的方式，將這些事項記下來，等待空閒的時間再處理。

你可以使用一些簡單的工具做「稍後行動」的筆記，例如筆記本或是手機的備忘錄應用程式、手機語音備忘錄。只要將待辦事項寫下來，並在需要時查看這些筆記，就不會遺漏掉重要的事情。

有時候甚至不需要使用專門的待辦事項工具。比如說與家人共同要行動的事項，我會直接備忘在 Facebook 或 Line 的家庭群組裡面。

▋優先使用日常開啟頻率最高軟體而非專屬軟體

我在做「稍後閱讀」或「稍後行動」的記錄時，並不是選擇專用的軟體，而是使用日常開啟頻率最高的社群軟體，你可能會感到驚訝。但這是基於以下幾個考量：

1. 最低成本：如果資訊只是暫時的，我通常會用手機拍照或截圖來保存，因為這樣的成本最低。

2. 日期索引：有趣的小事都是按日期存檔，因為它們「不那麼重要」，能在需要的時候按日期查找即可。

3. 高開啟頻率：在工作上，我使用複雜的專案管理軟體來管理數百個待辦事項，但在日常生活中我卻幾乎不使用這些軟體，只使用家庭行事曆和家庭專用的訊息群組來溝通。因為雖然直覺上來說應該安裝一個家庭待辦事項應用程式，並在上面記錄並提醒自己，但這往往會失敗。我在安裝完待辦事項應用程式後，最大的困擾是忘記打開它（建立一個新習慣很不容易）。因此我的解決方法是創建一個家人的 Facebook Messenger 群組（專門用於記錄小事），

每次想到要做的事或要購買的物品，就拍照或記錄在上面。因為 Facebook 是我使用最頻繁的社交媒體，我不會漏看或忘記這些事情。

4. 融入既有習慣：這種方法嵌入了我的既有習慣（瀏覽 Facebook、查看訊息），而不是創造一個新的習慣（使用待辦事項應用程式來記錄和追蹤事項）。所以不容易漏接。

2-3

上課筆記：
解構學習重點，提升吸收效果

認真記

上課筆記	讀書筆記
會議筆記	練功筆記

　　上課筆記需要有組織性和完整性，以便後續複習和學習。

　　但是在寫課堂筆記時，許多人會陷入一個困境：應該全神貫注於聆聽，還是專注於記錄？應該用筆寫下筆記，還是用鍵盤敲打，或是直接拍照？我認為這些都不是最重要的。首要的關鍵在於明確知道課程的形式和結構。

通常市面上的課程分為兩種，一種是概念聽講型，一種是流程操作型。

- 聽講型課程：上課時，老師說你聽。

- 實作型課程：上課時，老師示範你操作。

這兩種課程的上課筆記方法實際上是完全不同的。

▋ 如何有效地在聽講型課程做筆記？

- 首先打開錄音機。

- 細心觀察老師的講課結構。

- 對每個主要結構，準備一兩個相關問題。

- 記錄自己的感想與想法。

- 課程結束後，在無人打擾的地方，立即進行 ORID 的輸出（最好是開 FB 直播）。

聽講型課程常見於演講或理論課程中。然而我們必須承認，參加這類課程往往需要賭上一些運氣。有些老師能

在一次課程中輕易地吸引學生的注意力，讓學生在一兩個小時內全神貫注，甚至在課程結束後仍然依依不捨地留在教室。然而也有些老師僅僅開場五分鐘，學生就已經開始想要放空，逃離現實，或者直接去找周公了。若是遇到後者實在不幸。老師課堂上不負責任地東拉西扯，學生卻還得全神貫注，努力從混亂中找尋有價值的知識，以對得起自己繳的學費。

但無論老師本身授課能力如何，上課做好一份筆記，本身的挑戰度就相當高。

因為老師授課是靠聲音傳播，我們要將內容記錄下來，你必須 Step1：先將聲音轉化為腦中的思緒，Step2：並從中篩選出要記錄的內容或是你自己的想法。這當中的難題是：我們無法像影片快轉一樣跳過每一秒的聲音。這就是為什麼上課通常會讓人感到疲憊。無論有沒有做筆記，這都需要消耗巨大的能量。

不過這不是無法解決的難題。有一些方法可以幫助你更有效地做筆記，減少做筆記消耗的能量成本。

Step 1：開錄音器材

上這種聽講課時，我建議的第一個動作就是開錄音器材（手機、錄音筆）。

第一個好處：資訊不會漏接，而且在課程結束後可以轉成逐字稿以便複習。

第二個好處：當自己知道無論如何都有錄音機的音檔做後盾，你的大腦就不會過度緊張，擔心錯過任何資訊，這樣一來，我們就不會在一開始就消耗過多的注意力和能量去記錄資訊，把大部分的能量分配給真正有意義的事情，也就是產生與捕捉洞見。

Step 2：觀察老師授課的結構

老師的教學能力各不相同。有些老師擅長談自己的經驗，授課內容可能缺乏組織，導致學生花了時間聽課卻抓不到重點。高效率的老師會為課程建立一個清晰的結構，讓學生更容易理解和吸收。

我建議在上課時，無論老師的教學能力如何，都花一些時間觀察老師的授課結構。一旦瞭解了這堂課的結構，

你就能專注在你感興趣的議題上，像有進度條一樣有效地學習。

Step 3： 心態轉變為主動學習

聽課時會感到疲憊，往往是因為學生對於講師的教學目標一無所知，只能被動地聽取講師提供的訊息並搜索答案。學生往往假設所有的資訊都很重要，因此花費大量的時間去解讀每一段訊息。最終卻發現 80% 的資訊其實並不重要，這樣學習只會導致能量的浪費。如果講師沒有明確的教學技巧或重點，那麼這堂課的學習效果將會大打折扣，甚至可能接近於零。

因此，在上課前，我們可以改變學習的角度。先準備好一些自己感興趣的問題，並在上課時專注於尋找這些問題的答案。先準備好了這些問題，再加上對課程結構的觀察，我們就能開啟「濾鏡模式」。濾鏡模式能讓我們忽略不相關的內容，只在出現關鍵內容時專注學習。這樣一來，如果上課時錯過了某些重點，可以透過錄音和筆記來彌補。閱讀文字和做筆記的好處在於，你可以直接用眼睛搜索要找到的資訊，並隨時快進或倒退，不必從頭到尾重聽一遍。

用這種不一樣的心態與方法，上課時可以專注於你感興趣的議題，忽略不感興趣的議題，從而節省精力。上課時不僅會感到輕鬆許多，甚至會在課後產生「這門課真的很棒，我想知道的都得到了解答」的想法。這樣的主動學習心態不僅能提高學習成效，還能幫助你更好地理解和應用所學的知識。

Step 4： 只記錄自己的感想

採用這種筆記方法，就不需要機械地記錄老師講的內容，而是專注於寫下自己的感想和發現。你能夠更深入地理解和吸收所學，並且在回顧筆記時，更容易回憶起當時的思考和感受。

這樣的筆記方式，才是我們上課真正期待的學習成果！

Step 5 ： 重新講述一遍你的心得，並錄影存檔

最後一步，也是最重要的。當你完成這門課程後，找個不受打擾的地方，立刻找同學、直播、錄影講一遍這堂

課的 ORID：

- O（Objective）我看見了什麼？

- R（Reflective）我感覺到了什麼？

- I（Interpretive）我領悟了什麼？

- D（Decisional）我決定去做什麼？

為什麼「立即重述」很重要？

在課程結束後，這時我們的大腦剛獲得了一些新的資訊，但本質仍然只是一些零散的想法和線索。透過這樣一遍及時的口述，我們才能夠立刻在大腦中建立一個以自己觀點表達的「完整新記憶」。

這是讓大腦真正產生有效索引的方法。因為大腦本身，只會記錄

- 有具體結構的資訊，

- 與自己有關的資訊。

不過，幾天之後，無論當時記了什麼，記得多詳細，若我們在課程結束當天沒有經過一輪的索引創建，大腦一樣會把這些「影像」沖刷得乾乾淨淨。畢竟，人類內建的「行車記錄器」硬碟空間有限。

在這裡有幾個關鍵訣竅：

1. 強烈建議在上完課的中午或晚上立即重述一次：記憶是有保存期限的。這個方法就像是立刻做保鮮處理，確保你的記憶能夠長期保存。

2. 口述比書寫更有效：口述會在大腦中產生聲音記憶，更容易記住內容。

3. 口述的內容比書寫或打字輸出更多：錄製下來後，可以轉化為逐字稿，這樣你可以更詳細地回顧和總結課程內容。

4. 在當周重新整理資料：口述只是鞏固記憶的第一步，將它整合到已有的知識體系中需要進一步的整理。（在後續章節將深入討論整理的技巧，幫助你更有效地整理和組織學習資料。）

▌ 實作型課程如何做筆記？

- 首先，開始錄影。

- 記錄老師的完整操作過程。

- 思考為何要這樣做？這樣做的好處是什麼？

- 回家後立即實作一次，並做 ORID 分析。

- 在當週內至少實作三次，直到肌肉記憶熟悉。

參與實作型課程時，有幾個方法可以幫助你有效做筆記：

1. **錄影或拍攝照片**：如果課堂允許拍照或攝影，就把老師的每一個步驟記錄下來。因為在實作型課程中，程序性知識的步驟順序非常重要。這樣你可以在課堂後回顧和模仿老師的動作步驟。

2. **提問**：如果對示範的步驟或順序有疑問，可以在下課時詢問老師。這樣可以更深入地理解為什麼順序是這樣，這樣做的細部原因和好處。使用錄音設備記錄老師的解釋，以便日後回顧。

3. **進行練習**：回家後立即實作一次，能夠幫助你鞏固所學的知識和技能。在練習過程中，用講述的方式把練習結果做一次 ORID 分析，你將能夠更容易地理解和記憶所學。

4. **重複練習**：在當周至少練習三遍。因為學習程序性知識需要使用肌肉記憶而不是大腦記憶。透過多次的練習可以鍛鍊肌肉記憶，讓所學的知識和技能更加純熟。

實作型課程需要採用多元的筆記方式，包括錄影片、提出問題、反覆做練習和熟練，提高你的實作能力。

聽講型	實作型
開錄音功能 觀察老師的講課結構 對每個結構準備 1-2 個問題 只記自己的感想 上完課立刻直播 ORID	開錄影功能 記錄老師的完整操作程序 為什麼要這樣做？好處是什麼？ 回家立刻練一遍，並且 ORID 當週做三遍，直到肌肉熟悉

■ 沒有萬用筆記本與軟體，但有超級捷徑

我們之所以在這一節把「記錄」與「應用情境」分開來討論，起因在於許多人在學習筆記技巧時，誤以為使用一種筆記本格式或一套筆記軟體就能解決所有問題。

然而在實際情況並非如此。因為，即使是在上課的情境，筆記也可以分為聽講型和實作型，側重點也不相同。所以我們要視情境，挑選適合的解決方法。

透過上課的例子，我希望表達一個觀點：筆記技巧絕不僅僅是「暴力記憶和整理」而已。「分成不同的使用情境搭配不同層次的筆記技巧」，目的也不是要把筆記技巧複雜化，反而是要讓筆記流程能夠更輕鬆、最終得到更有效的結果。

我們要達到「高效做筆記」的結果不需要耗費大量的力氣記錄和整理消耗人體能量，而是筆記前要先思考，當初做筆記的最終真正目的是什麼。然後利用人類天生的機制和現代科技，找到最簡單的方法。這樣就能事半功倍。

讀書筆記：三步篩選、深度理解、快速掌握關鍵

認真記

上課筆記	讀書筆記
會議筆記	練功筆記

讀書筆記的要點是把閱讀的內容做更深入的思考和分析。

一般常見的讀書筆記形式有：

• 畫線筆記：在書上畫線或標記重點句子，快速捕捉關鍵訊息。

• 書邊筆記：在書的空白頁或邊緣做筆記，詳細記錄

自己的思考和理解。

- 抄錄筆記：讀到一些特別有啟發或重要的句子，把它們抄寫在筆記本上，並加上自己的注解和思考。

- 讀後感：讀完後寫下讀後感和心得。回顧和檢視自己的閱讀成果，並將所學應用到生活中。

我們該選擇哪種方式做筆記比較好？我還是同樣一種回答，要根據不同的使用情境進行不同的筆記流程。

我在《打造超人學習》中介紹了一種閱讀方法論。這套方法論把閱讀分成三種模式：

篩讀　　略讀　　精讀

有些讀者在閱讀時常覺得可惜，因為他們花了時間和金錢買書，結果發現那些書很難懂，或是品質不怎麼好。這不是讀者倒楣，而是在數據統計下，買到不適合的書，機率比我們想像中高。根據我的個人經驗，找到一本資訊

正確（符合當前的學習階段，並且是我認同且需要）的書的機率最多只有 50%。

　　所以，若我們一開始就投入大量的精力，閱讀之前不經過篩選，而是直接用「精讀技巧」深入閱讀一本不適合的書，不就事倍功半，白費許多力氣了嗎？

　　因此，當我們開始研究一個新領域時，應該採取這樣的閱讀流程；「篩讀→略讀→精讀」。

　　在第一輪篩讀我們只需要大致翻閱手上的書籍，目的是找到這個領域重要的關鍵字、問題、論述。從而確定一批適合進行下一輪「略讀」的書籍。

　　在**第二輪略讀**階段時進一步篩選出一兩本真正優質的書，以備進行第三輪的精讀。略讀時，粗略地畫線即可。精讀時才要認真去做筆記。

▋ 精讀一本書的策略

你可能會問，如何才能精讀一本書？

精讀的方式並非一成不變，而是會根據書籍的資訊密度有所不同。一般來說可以把書籍分為兩種類型：資訊密度較低的書和資訊密度較高的書，而且它們的精讀方式大相逕庭。

對於資訊密度較低的書，我通常會採取以下的閱讀策略和步驟：

第 1 步：對這本書提出一些基本的問題。

第 2 步：帶著這些問題在書內尋找答案。

第 3 步：把書中的精采句子複製貼到我的數位筆記本。

第 4 步：讀完之後，對金句逐一打上 #tag 做初次分類。

最後：將這些精采語句整理成一張該書的書籍金句筆記卡。

對於資訊密度較高的書，此時採取相反的策略。因為這類書籍中一定充滿了金句，一一複製貼上實在太繁瑣。因此我會選擇以下的方式：

1. 將一整章的內容貼到數位筆記本中。

2. 刪除不必要的句子。

3. 重新編排剩下的內容，形成我自己要的新結構。

4. 用筆記軟體把書中出現的名詞或概念整理成「卡片」。

5. 重複整理過去的卡片，利用名詞的關連性找到相關的資訊比對編刪，組織出新的卡片和新的見解。

我的經濟學閱讀筆記

▌ 卡片筆記法

「把金句複製起來貼到筆記本裡」、「整理成卡片」、「打上 #tag」以及「用軟體串連在一起」，這套模式聽起來很驚奇，讀者可能會好奇要怎麼做？

這個方法其實在幾十年前就被發明了。只是由於沒有軟體的輔助，發明這個筆記法的人當時是用紙張索引卡片手動做筆記。沒錯，這套方法就是近十年開始紅起來的卡片筆記法。

卡片筆記法的發明者是德國社會學家盧曼（Niklas Luhmann）。在他超過 30 年的研究生涯裡，共出版了 58 本著作，撰寫了數百篇論文，研究還橫跨多個領域。

他把感興趣與搜集到的資訊隨時捕捉到卡片上。資訊卡片累積到一定程度時，他會重新整理這些卡片，並用整理出來的知識寫作。卡片筆記法成了他產量高的祕密武器。

很多人羨慕盧曼的高產，但卻很少人去模仿他的筆記流程，因為這套方法光想像就覺得很耗時和費工。但是當我親自嘗試應用，深入研究流程之後，我發現卡片筆記法一點都不費工，反而非常科學與高效。只是絕大多數人並

不知道入門的竅門。

因為，我們若用原先思維，以為只看到卡片筆記法用的是傳統的記錄→應用，那這個路徑的流程確實複雜到無法想像。但事實上，卡片筆記法的真正背後思維，是記錄→提取→整理→搜尋→應用，一套用起來非常順暢就像雷神之槌威力無窮的方法。我學通卡片筆記法之後，曾經用卡片它搭配現代的筆記軟體 Logseq，兩三個月之內閱讀了一套 一千兩百萬字的美國經濟學古書 *Modern Business*，中

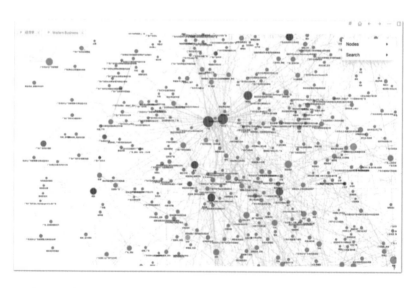

用兩三千張卡片寫的經濟學 Logseq 筆記

間整理寫了兩三千張知識卡片。最後，這些卡片不僅讓我讀透了古典經濟學，我更從卡片的交叉詞條中，更發現了許多主流經濟學中自相矛盾或虛幻的立論與假設，讓我領教到這套卡片筆記法的強大威力。所以，後續研究其他領域各種艱深的探索性學問，我都使用這套方法，挖掘出許多珍貴的洞見。

　　卡片筆記法的介紹先點到為止。這一段的重點是幫大家建立梳理資訊的流程和方法，唯有理解**記錄→提取→整理→搜尋→應用**這套流程的思維，才揮得動雷神之槌。

　　後續章節會繼續和大家討論卡片筆記法。

2-5

會議筆記：
有效記錄討論內容，提升會議效率

認真記

上課筆記	讀書筆記
會議筆記	練功筆記

　　初看之下，會議筆記似乎比上課筆記和讀書筆記更具挑戰性。簡單來說：上課與讀書的資料多數是由專業人士整理過的。會議則是由不特定人士的對話構成，本質是聲音，筆記的難度似乎高了許多。但是會議筆記並不像大家所想的那麼困難。關鍵在於開會的技巧，而非筆記技巧。

■ 會議筆記的關鍵在於開會技巧

會議筆記的困難在於：許多人其實並不懂得開會的技巧。在會議室裡常常會見到，大家在開會前沒有事前準備，討論時你一言我一語，天馬行空地發想，浪費了幾小時，最後卻無法達成具體的決議。遇到這樣的會議，要怎麼有效地做筆記呢？

要改善這個問題，需要從根本上改變會議的結構。我曾在《遠距工作這樣做》裡面談到如何高效開會：

1. 使用常態會議流程模板

大部分的會議會陷入混亂，主要是因為缺乏組織和流程。一般而言，公司內部的常規會議都有其特定的目的和預期結果，透過控制流程，我們可以有效地管理會議不會變得繁雜和失焦。

2. 強制要求參會者有「會議是拿來表決，不是拿來討論」的集體共識

許多人會誤以為開會是一起來討論的。但是要讓會議

開得有效率，關鍵在於參與者在會前就已經提供了他們的觀點，而開會的目的則是用來做決策。這種觀念在 Amazon 等公司已經是常態。

3. 決策或甩鍋

做會議記錄主要有兩個原因：做出決策，或將責任轉移給他人。從結果倒推回去，一個會議需要記錄的只有四個方面：

1. 會議的目的

2. 會議中提出的方案

3. 會議的表決結果

4. 參與者對方案與決策的意見

只要掌握這四點，會議的進行和會議記錄就會變得更簡單和高效。

練功筆記：學習任務化繁為簡、打造私人葵花寶典

認真記

上課筆記	讀書筆記
會議筆記	**練功筆記**

　　我們在鍛鍊技能時不能沒有筆記。筆記在這個流程中的功用是：協助我們確立練習目標，暫存多種實作時發現的線索，讓我們能在後續練習中反覆地思索探究。

　　在職場上我們同樣需要記錄工作時的操作步驟，就是所謂的操作筆記。在學習新的職場技能時也需要記錄學習過程，這就是學習筆記。要如何有效地做出這種類型的筆記呢？我有一套可行的流程，步驟是：

- 將大任務細分為小問題。

- 專注解決每一個小問題。

- 記錄解決問題過程中找到的相關連結和錯誤訊息。

- 每週將進度整理成一篇文章並且發表。

▌ Step 1： 將大任務拆分成小問題

寫學習筆記時，不是著急跳下來解什麼任務就記什麼。主要的策略應該是觀察總體的大任務，再細分為一系列的小問題，形成一個清楚的列表清單。再按照清單研究與練習。

先拆成小問題的好處是，解決後續問題會變得較為容易。且實務上每解決一個小問題容易帶來成就感，就算主題不有趣，但還能像在電玩中通過一個小關卡一樣有成就感。這種感覺多能讓我們暫時樂在其中。

但有些工作上的問題不容易一次直觀解決，背後通常是因為本身結構較大或是關鍵問題模糊。如果在解題之前

先梳理細分了這些問題，就可以先行整理出困難和未知的部分，標記起來先跳過。先處理容易解決的問題，後續利用整理出的線索，再逐一回頭研究實作。這樣的方法不容易撞牆，也不容易因卡關而迷失方向。

再者，問題被細分之後，就更容易針對一個細問題搜集資訊，鎖定關鍵字。

▌ Step 2：將搜集到的資訊（包括錯誤訊息）鉅細靡遺記錄下來

後來，我在工作上學習新技能時甚至養成了一個特別的習慣：不僅會貼上成功的嘗試，把找到的網址都貼在學習任務的留言區，甚至也會貼上失敗的嘗試和產生的「系統錯誤」訊息。看到這裡你可能會覺得奇怪，貼「成功的嘗試結果」可以理解，為什麼連「失敗的嘗試與系統錯誤訊息」都要貼進去呢？

因為我認知到，就算是「失敗的嘗試」也是一種「有價值」的訊息。

在挑戰未知領域時，我們難免會無意中踩到一些坑，

若不把這些陷阱標記起來，下次還是會無意中踩進去。會重複踩中這些坑代表著我們有些觀念不是很正確，或者是因為裡面藏著未來需要學習的新知識。

很多人在學習新技能時很苦惱，因為要記的線索、資料、資訊實在太多太雜，而且散落各處。所以我才打造了這套能深入記錄自己學習歷程的方法流程，讓我在學習時能把焦點集中在遇到的關鍵問題上。未來遇到相似的問題，我只需要打開記錄，所有記憶就會瞬間回來。

這個方法不僅可以方便我們記錄和整理學習過程中的訊息，還可以幫助我們更深入地理解和掌握新技能。分析記錄下來的錯誤訊息，可以讓我們突破學習困境的盲點。

此外，這種方法還可以幫助我們建立個人知識庫，方便我們隨時查閱和分享。把記錄整理成筆記、文章或書籍，就能與他人分享學習經驗和心得。

▋ Step 3 ： 整理成一篇總結

「記錄」只是這個方法的一半。剩下的另一半更重要，這個技巧就是撰寫「事後總結」。

過去我在當程式設計師時，工作或學技能都會記錄解問題時找到的相關資料，以及找到的問題解答，同時，我還會在一兩周之內回顧任務記錄，在部落格上寫出一篇新文章做為教學總結。

　　這樣做有兩個好處：首先，這是一種複習方式。其次，這篇教學文章會成為可以再利用的「程序SOP」或「概念」文章，這讓我自己或其他人只要遇到類似情況，未來都可以立即拿來運用，不需要再花費與第一次同樣多的時間去研究解決方法。

　　總結練功筆記的要訣：

- 收集困擾，轉化成各種小問題卡片。

- 專注解決每一張小問題卡片。

- 在解題的過程中，記錄下找到的連結和錯誤訊息。

- 當週整理概念卡、流程卡、定義卡、後設卡。

本章小結

不論在哪種情境，以下原則都能提升筆記的效果：

1. **分開記錄與整理**：記錄與整理分開做能讓思緒更清晰。記錄時，專注於迅速捕捉重要資訊；整理時，將則筆記結構化、分類並做補充。

2. **善用科技軟體**：可以加速和輔助筆記的流程。例如，筆記應用程式可以方便編輯、搜尋和分享；錄音或影音工具能記錄講座和會議內容。

3. **不同的情境選用不同的筆記流程**：這麼做能提高筆記效率。例如上課時使用結構化的筆記格式，隨手記則使用快速記錄的方式。

4. **筆記只是一個環節**：筆記記完不是沒事了，更重要的是整理、回顧和應用。定期回顧筆記，把它應用在學習、工作或創作中，可以提升筆記的價值。

5. **善用大腦的記憶特性**：利用關鍵詞、摘要和圖表等方式，將捕捉回來的線索和資料初步記憶下來。

6. **將記憶保鮮**：記憶就像魚肉一樣有保鮮期。捕捉回來的筆記需要做初步的保鮮處理，例如整理、歸檔和備份。

7. **不同的知識用不同的記錄方式**：知識的類型不同（例如程序和概念），當然不該用同一種方式做筆記。程序可以使用流程圖或程式碼片段來記錄，概念可以使用概念地圖或摘要來記錄。

第 3 章

整理

筆記在學習過程中扮演著不可或缺的角色。筆記不僅能幫助我們記錄重要的知識、理解概念、整理思緒,並且方便日後複習和回顧。但是一般人不喜歡談「整理筆記」,這件事就像房間裡有一頭不可忽視的大象:因為整理筆記**會消耗巨大的能量**,而且在傳統方法中,「整理筆記」甚至比「記筆記」本身還要累很多,因此一般人不喜歡研究這個技巧,多數人甚至逃避這個議題,轉而尋求「一邊記錄、一邊整理」的方法。這其實是另外一個巨大的坑。難怪在筆記術這條路上,入門陣亡比例會這麼高:

- 在記錄的道路上跑得氣喘吁吁。

- 在一邊記錄一邊整理的道路上雙腳打結,摔個狗吃屎。

• 在整理的道路上，未戰先逃。

　　一般在坊間，我們很少聽到有人能夠在整理筆記時越做越開心、越來有越成就感。把筆記整理得井井有條，閃閃發光，聽起來就像是天方夜譚。但這不是做不到的。「整理筆記」其實有一套簡單的正確策略。接下來的章節，我們將要揭曉整理筆記的祕密。

3-1

提取：利用生活神奇技巧將線索轉化為易於檢索的資訊

在進入「整理」的技巧之前，我想先談一個常常被忽略的步驟：「提取」。「提取」在「整理」的過程中扮演著非常重要的角色。若我們忽略了這個步驟，會大幅降低我們做筆記的效率。

因為嚴格來說，我們平時記錄下的東西並不是「資訊」，甚至不能算「資料」，而只能稱「線索」。在我們平日的認知中，這三者似乎非常相似。但若在筆記的領域裡，精確計算的話，它們之間的差異非常大：

- 資訊是有意義的輸入／輸出。

- 資料是可以拿來整理刪改的材料。

- 我們記下的只能叫「線索」，通往資料的索引。

仔細回想，我們常常花費大量時間專注於記錄當下學

到的東西，並且在回家後花時間整理。但是放在那裡兩個月後，回頭去翻這些筆記，卻又發現裡面的記錄無法直接使用。如此一說，我們當時記錄下來的不就「只是線索」而已嗎？現在還是「放到過期的線索」。

甚至精確地說，「線索」是能夠引導我們前往下一個階段的材料。但後續我們若記下了線索而不加以處理，放到過期就會變成什麼都不是了。

▌ 將線索變成資料

本書 2-2 分享了快速隨手記的訣竅，並說明了第一遍記下的筆記只需要保持時間戳記當作索引，其實是利用了大腦「時間序列」的索引特性。把這些筆記「標準格式化」（轉成文字或用照片收藏），後續就能夠輕鬆地用電腦搜尋。這個過程叫做「線索捕捉」。

如果我們希望這些材料在後續真正能夠「搜尋」、「挖掘」、「利用」，那麼就需要進一步的加工。加工過程雖然稍微繁瑣，但實際上卻是必要的步驟。因為我們辛苦記錄下來的資訊將來要找找不到，即使找到也無法利用，豈

不是很可惜？

■ 如何有效整理筆記：從「折衣服」說起

為了讓讀者能夠理解這套流程概念，我想用日常生活中結構相似的「折衣服」來比喻整理筆記的法門。

「快速找到過去的筆記，並很快能夠重新利用」，這與從整齊有序的衣櫃中找到想穿的衣服，在本質上極為相

衣櫃裡整齊有序的衣服就像方便提取的資料

似。所以其實我們要學習的是一套衣櫃收納術。

　　要如何起步呢？我們都知道整理衣櫃很重要，折好的衣服不僅外觀整齊，還能在需要時方便取用。但是實際上很少人喜歡折衣服。

- 第一個原因：折衣服要一直重複動作很繁瑣。

- 第二個原因：看到達人整齊的衣櫃誰都會羨慕。但是看到自己眼前堆積成山的衣服和空衣櫃，心底往往會浮現無力感，不知該從哪裡下手。

▌引入流程化的概念

　　我曾經也是筆記苦手，經過長久的摸索與嘗試之後，才發現當今的筆記術都有一個嚴重的誤解：傳統的流程假設大家在整理筆記**就像從衣服堆撈出衣服直接放進衣櫃裡面，邊撈邊整理。**

　　想像一下：每次從地上撿起一件衣服，然後折好，放進櫃子裡面。過了幾秒鐘，我們又覺得放置得不夠美觀，與理想中完美衣櫃的照片相比差距甚遠。於是我們又將折好的衣服換個位置，多加幾個衣物整理隔間，不斷調整。

試想，若我們有五十件衣服要折，用這樣的流程反覆折騰，通常到第十件就差不多精疲力竭了。

那我們應該如何提高折衣服的效率呢？以下是較合理的方法：

1. 先將衣服分類，把相同類型的衣物分成一籃一籃的待折衣物。

2. 然後簡單整理每一籃的衣物，將相同款式或相同顏色的堆疊在一起。

3. 最後將每一籃的衣物收進衣櫃裡面。

這種方式比較省力氣，並且更合理。在我們懶得折衣服又急著換衣服的時候，甚至可以**直接從已經分好的上衣籃裡面取出來穿**。而把「折衣服」的概念應用到「做筆記」上，意味著我們在記錄完線索後，**要將資料進一步分籃整理**。

▋ 收納衣服第一步：分籃（資訊提取）

那麼，我們開始來開心折衣服吧！

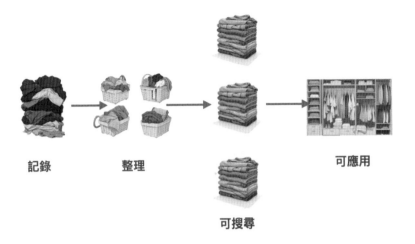

記錄　　　　整理　　　　　　　　　可搜尋　　　　　　　　可應用

　　之前我曾經提到過，把筆記轉成統一格式（音檔、影像檔轉成文字），在一般人看起來可能多餘，實際上是一個必要的環節步驟。因為實踐這個步驟有一個好處，可以讓「外部大腦」（電腦）快速找到需要的資訊。這件事可

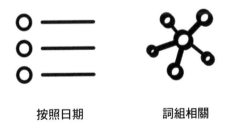

按照日期　　　　　　詞組相關

大腦的兩種閱讀模式

以比擬成直接從已經分類好的籃子裡挑選衣服來穿。

電腦不僅能夠以「日期」為單位查找，也能透過「關鍵字」搜尋，快速找到我們要的資料，並且可以在任何地方存取。這已經達到了「方便取用」的第一步。

我自己甚至會將購買的紙本書電子化，透過 Zappier 將 Dropbox 與 Notion 串接。這樣就可以快速找到過去曾

把每一本書數位化，透過 Dropbox+Zapier 傳到 Notion

經購買的書籍，並且查閱我對這些書籍的評論和分類。

　　同樣的，在網路學習時，我也會將網路上有興趣的影音課程下載轉換成文字檔，並進行翻譯，以便收藏為可搜尋的電子書。（這項技術並不昂貴且不難實現。如今 OpenAI 的 Whisper 與 ChatGPT API 就可以做到。在 OpenAI 的服務誕生以前，我就利用類似的技術定期整理資料。）未來在翻找相關資料時可以用文字快速搜尋，不需要查找每一支影片。

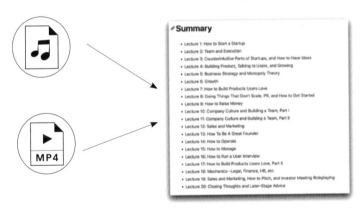

3-2

借力使力搭配大腦科學：將資料整理成易於消化且不易遺忘的知識

在這一節，我們將探討如何細緻分類衣櫃中的衣服，並製作一份易於回顧的筆記。

■ 串接一份未來可以輕鬆理解和回顧的筆記

你可能會覺得困惑，為什麼製作筆記需要多上這些步驟呢？傳統的筆記方法不就是抄寫→查找，然後就大功告成了嗎？為何現在要變得如此複雜？

這是因為傳統的筆記方法存在著許多問題。你可能抄寫了半天，整理得筋疲力盡，幾個月後回頭看卻發現仍然無法理解。

死路走不通，當然要換路走。不過新的方法不會撞到牆嗎？我敢打包票真的不會撞牆。

或許讀者會覺得有些難以置信。但是在繼續之前，我想再談一談大腦的運作方式，從人類理解新事物的方法開始：

我們周遭的世界，幾乎每個領域每件事物，都是由多個元素所構成。大腦要「理解」一件事，機制是先去過去的記憶裡尋找有沒有相似「元素」或「結構」，然後試著把找到的東西與現有經驗相結合並進行匹配。如果記憶裡找不到相應的匹配物，大腦便會宣告「我不理解」。

在面對新領域的事物時，大腦不理解的主要原因可能是：

- 遇到了新的「元素」

- 遇到了新的「結構」

在教學中，優秀的老師喜歡使用譬喻幫助學生「理解」。因為**譬喻往往等同於用學生過去記憶中的結構，重新詮釋眼前的新事物**。就像在這本書中，我用「折衣服」的流程來探討「整理筆記」的技術，手法結合了讀者腦中過去的經驗與印象，再理解一個新的整理筆記的手法似乎就不再那麼困難，甚至有種豁然開朗的感覺。

而大腦是否理解一件事物取決於以下兩點：

- 元素一致性

- 結構一致性

所以我們在學習過後，捕捉一大堆資料之後，必須要把資料進行適當的分解、重構、整理，大腦才能更有效地消化和理解。

█ 學習的過程就如同打獵

這裡再讓我以打獵的例子來說明在「資料整理」完後做「資訊消化重組」的重要性。我們可以把上課想像成是去獵取野味。雖然外面充滿了各種動物，但要真正捕捉到一隻野豬或野兔並不容易。即使真的獵取到野豬，也不能直接生吞活剝，需要先放血、拔毛、剁塊，才能煮來吃。我們吃肉多半是吃肉片、肉絲，絞肉，很少有人會直接咬一大塊豬腿或啃一顆豬頭，對吧？

- 放血、拔毛＝處理筆記的過程。

- 剁塊＝簡單分類。

如果肉無法立即吃完就需要加工處理，因為肉類有保存期限。如果在幾天內不做處理和冷藏，肉就會腐壞，變得無法食用。記憶也一樣。

　　現在你會認同，「筆記同時記錄、整理並立即複習，之後能迅速再拿出來使用」這個傳統的聖杯是合理的嗎？

記憶保存時間

當天分切　　　　　　　　　冷藏期限3-7天

© Shutterstock

　　根本不可能且事倍功半！所以我一直反覆強調，要做好筆記，必須經過連串的過程記錄→提取→整理→搜尋（取用）→應用，對應的就是打獵→整理→切片→下廚。

3-3

總結與歸納：知識收納跟你想的不一樣

從線索→資料→資訊還要經過兩個環節：「總結」與「歸納」。前述這兩個詞乍聽之下似乎相似，但實際上本質截然不同。「總結」是指將資料塞到大分類裡面。「歸納」則是將資料細分到小分類裡。

總結	歸納
資料塞到大分類	切細到小分類

我們也可以將「總結」與「歸納」實際用「折衣服與收納衣服」做比喻解說，讓讀者容易理解。

▌ 收納衣服第二步：總結（用特定格式打包資訊）

許多人在開始做筆記時就遇上困難，關鍵原因在他們往往先「歸納」才「總結」，而非先「總結」再「歸納」。

總結　　　　　　　　　　　歸納

- 總結：將所有東西集中塞一起。
- 歸納：將東西折疊起來。

這是什麼意思呢？先「歸納」再「總結」就像是從地上的衣物堆裡拿起衣服，折疊好並放進籃子裡。折疊了幾

件衣物後，你發現籃子分類錯誤，於是又將衣物取出重新分籃。結果已經折疊好的衣物又變得亂七八糟！

不過在實務上，我們在折衣服時通常不會犯基本錯誤。因為這樣的流程非常沒效率。但是在整理筆記時我們卻經常犯這種基本錯誤：打開一本分類筆記本，對著空白的頁面整齊地抄寫上課筆記。寫了一段時間後，發現自己的整理方式不佳，於是又開始新的筆記本。寫了幾頁後，又覺得自己把事情弄得一團糟，於是放棄去整理筆記。這就是先「歸納」再「總結」的問題所在。

要輕鬆整理筆記，我們要先「總結」再「歸納」。

▍ 總結 V.S 歸納

在這裡，我想先解釋兩個概念經常被混淆的概念。

總結

關於總結，教育界有一套廣為人知的知識分類方法「布魯姆分類法」。

布魯姆將知識分類成四種不同的知識：

- 事實知識

- 概念知識

- 流程知識

- 後設知識

在這裡我們取用概念知識與流程知識：

- 整理一套流程。

- 什麼是？如何做？用在哪？

這樣就可以「總結」出「流程卡」與「概念卡」。

歸納

歸納是以總結出來的流程為基礎，進一步去拆解裡面的每一個事實，探討如何將每一個步驟最佳化，並且組織出現的關鍵字。

總結	歸納
資料塞到大分類	切細到小分類
一套流程	從流程出發
什麼是？如何做？用在哪？	關鍵字互相連結
流程卡、概念卡	事實卡、後設卡

總結與歸納

所謂的「先總結再歸納」是指：首先整理「流程」和「觀念」，然後再釐清其中「關鍵字的定義」，而非反其道而行。

我們在寫筆記或使用筆記軟體時常常走錯方向。我們不應該從「分類」或名詞開始，而是應該先隨意撰寫一篇篇的流程和概念文章（加上日期標記以便日後查找）。當文章累積到一定的數量時，再整理這些流程，將它們分類到不同的資料夾，或者對重複出現的資訊加上 #tag，提取一篇名詞解釋並連結到相關文章。

這種流程與概念與當今的筆記術完全相反，但這才是我們日後取用資訊的最有效方式與格式！

因此，要進行有效的筆記，正確的流程應該是：

Step 1：當天課程結束後，將學到的知識如「流程」、「什麼是？如何做？用在哪？」等，先粗略地整理成一篇文章，或是將課程複述一遍的 vlog 影片。

Step 2： 週末時梳理成一篇一篇的流程（如何做？什麼是？）。

Step 3：在每個月的結尾，進行關鍵字的精細研究與分類整理。

「先總結再歸納」的策略可以讓我們未來要調用這些知識時，無論是「搜尋」或「直接應用」都能快速且方便（直接修改就能使用）。

現在再看這張衣櫃收納流程圖，讀者是否已經有更深的體會了？

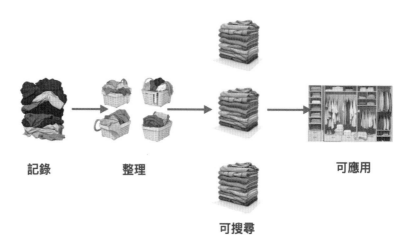

記錄　　　　　整理　　　　　　　　　　　　　　　可應用

可搜尋

整合、應用、改進：萬向筆記應用，源源不絕的創新靈感

筆記的最終目的是累積了大量的筆記之後，將它們整合、應用，並轉化為有價值的輸出。聽起來很合理，但實際上很少人能夠輕鬆做到。

許多人在筆記時都遇過這樣的問題：使用了市面上的各種筆記法，並且產生了大量的筆記，最終卻發現難以有效地整合。

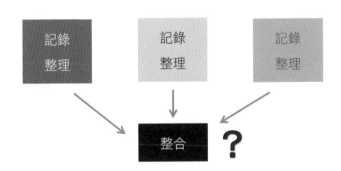

為什麼會發生這種情況？根本原因在於，這些筆記方法大多只教你如何記錄（或當時記錄整理）當時情境裡的「事件」。摘下的資訊線索本身當時並未經過整理，後續自然也無法進行整合。

要真正能夠整合筆記，並達到應用、輸出的效果，本就該需要經過資訊淘洗（記錄→整理→總結→歸納）的過程，後續才能進行有意義的整合。

下面的圖表可以解釋這個過程，而且這麼做的意義就一目了然了。

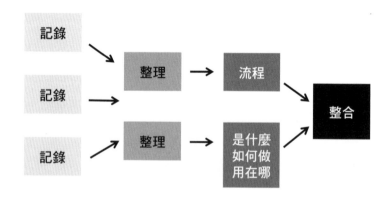

我們必須將在課堂或日常生活中獲得的散裝知識，先整理並封裝成一篇篇具有目標性的知識，然後才做修改、整合，才能後續進一步改進。

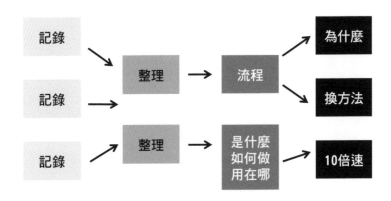

　　看完這樣的流程梳理，各位是否有豁然開朗的感覺？

　　在下一章節，我們將回到卡片筆記法，教你利用現代工具實戰「記錄→提取→整理→搜尋→應用」產生威力強大的學習效果。

創造永恆實用的筆記系統

第 2 部

第 4 章

卡片筆記法＋軟體實戰：從基礎到高級，打造強大的筆記系統

　　在第 2 章時，我們曾提到德國社會學家盧曼以及他發明的卡片筆記法。他在 30 多年間的研究生涯中一共出版了 58 本著作與數以百計的論文，當中還橫跨多個領域。他將有興趣與搜集到的資訊隨時記錄在卡片上。等到卡片累積到一定的數量，他就會重新整理這些卡片，並以此為基礎寫作。卡片筆記法成為他創作高產的祕密武器。

　　第一次接觸到卡片筆記法的人可能會覺得奇怪，為什麼盧曼要花大量的時間，繞著大圈子去整理筆記？事實上，盧曼所做的第一步就是將吸收到的資訊進行拆解和整理：

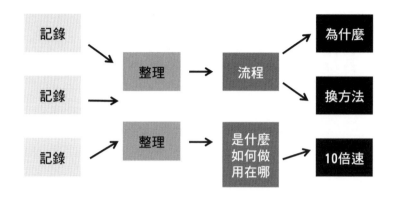

　　然後在後續的應用中，利用平時整理好的「流程卡」和「知識卡」，快速生成新的創作。這才是盧曼博學多聞且高產的真正祕密！

4-1

卡片筆記法的成功祕訣：發散、精簡再深化

不過，卡片筆記法是由盧曼所創，但他並非筆記法的推廣者。在只有紙筆的年代，盧曼的這種行為被視為神奇且古怪。儘管人們敬佩他的卡片整理熱情和成果，實際上並無人願意仿效。盧曼過世後，學者申克・艾倫斯（Sönke Ahrens）整理盧曼做學問的方法，最終集結成《卡片盒筆記》（*How to take smart notes*）一書，讓這套方法重現於世。

你可能會有疑問：既然卡片筆記法這麼優秀，有許多人討論，為何實際使用的人卻寥寥無幾？我觀察到這個問題，並進一步研究大量初學者從學習卡片筆記法到放棄的過程，才找出真正的原因。

許多人在學習卡片筆記法時，在網路上接觸到錯誤的相關教學，誤以為卡片筆記法的第一步是將筆記原子化：一則記事只記錄一件事情。這一句話讓所有人掉進大坑。

他們從「名詞」開始寫起，寫了一堆名詞卡後，發現自己的筆記和學習效果沒有提升，雖然索引上了一大堆，卡片之間還是無法有效串連，於是就放棄了。

這就是為什麼我在「總結與歸納」時不斷強調，不能「先歸納再總結」（先寫名詞定義，再寫個名詞目錄收集），而應該**「先總結再歸納」（先寫出粗略的流程、概念，再深入探討關鍵字的意義）**。

筆記的流程順序不同，導致學習效果和筆記效果有天壤之別！

卡片筆記法一般流程
（使用 Word 示範）

接下來要介紹卡片筆記法的實踐方法。示範兩種版本：一般流程版是使用 Word，這將有助於讀者理解如何用紙筆方式進行；專業軟體版是使用科技筆記軟體 Logseq。

如果你不方便使用新的軟體，只想使用一般的文書軟體做筆記。以下是我推薦的使用流程：

▌ Step 1：寫電子日記

可以使用任何能夠編輯數字流水號檔名的軟體，例如創建一個名為 2022-02-22.doc 的檔案，或者在 Evernote 等軟體中開啟一篇名為 2022-02-22 的筆記。

▌ Step 2：將這篇筆記視為當日雜記

筆記裡面應該記什麼內容呢？

- 當天查到的所有關鍵網頁。

- 當天的 ORID。

- 當天閱讀的書籍的 ORID。

- 當天學到的小知識（可複製貼上）。

- 當天在課堂上學到的簡單流程。

這裡的關鍵是，這篇筆記是一個當日的資訊捕捉器，你可以放入所有的資訊。如果一篇筆記不夠，可以開啟一個名為 2022-02-22-02.doc 的新檔案繼續寫。記住，當天的筆記不要做任何分類。

Step 3：在週末（或當週有空的時間）整理該週累積的 5 篇日記

到了週末，你應當已經累積出五篇日記。這時你可以開始做初步的整理。整理可能包括流程的梳理、概念的解釋，或是有趣的小知識。例如你的內容可能會像這樣：

- 2022-02-week 1 烹飪課學到的 XXX 菜做法

- 2022-02-week 1 烹飪課關於火候與梅納反應

- 2022-02-week 1 烹飪課為何專業廚師做菜會先熬湯

這些流程不需要過於詳細，只要能讓你輕鬆寫出來並幫助你回憶即可。在寫筆記時，不必過於擔心是否需要用自己的話重寫，或是複製貼上會不會觸犯版權等問題。請記住，這是你的私人筆記，你可以隨心所欲地放入任何內容。

▌ Step 4： 當月整理該月的 50 篇知識，打上 tag，並且「公開」發表一兩篇自己的想法

到了月底，若你認真執行，此時可能已經累積了超過五十篇的小文章。你會開始從標題發現這些文章之間存在著相似的元素，這時候再為它們加上 #tag。許多筆記軟體支援一次抓出相關文章的功能。累積了大量的筆記後，用 #tag 一次提取，往往會發現意想不到的文章關聯性。

而公開發表一兩篇的想法，是為了讓自己能夠將這些

材料融會貫通，並產生新的連結與領悟。

不要小看一個月五十篇知識、兩篇公開文章的威力。一年累積下來就有 600 篇知識、24 篇專文。在任何研究者眼中都是了不起的成就。

最重要的是，記錄和整理的過程開始變得不太費力！

▌ 示範：書籍卡片筆記

在前面的章節，我們探討過如何在閱讀低密度的書與高密度的書籍時做筆記。這裡以低密度的書籍為例，例如傳記類《雪球：巴菲特傳》檔名：2022-03-03- 雪球 - 巴菲特傳 .doc。

當天：

1. 為這本書準備一些基本的問題，例如：

- 巴菲特的投資原則與他人有什麼不同？

- 他遇到過哪些重要的人，那些人如何改變他的人生？

- 他的人生中是否有過挫折？這些挫折給他帶來了

什麼啟示？

- 他認為投資中最重要的原則是什麼？

2. 帶著這些問題去尋找書中的答案

3. 書中看的金句或重要觀點複製並貼到數位筆記本中。

在該週我們可以創建筆記：

- 2022-03-week-3- 巴菲特的書讀後 -ORID.doc

- 2022-03-week-3- 雪球 - 投資重要原則與金句 .doc

- 2022-03-week-3- 雪球 - 提到的人名與書名 .doc

- 2022-03-week-3- 雪球 - 股市專有名詞 .doc

在該月底我們可以：

- 發表雪球書籍讀後感。

- 購買《窮查理的普通常識》、《非常潛力股》、《智慧型投資人》、《投資最重要的事》（巴菲特讀了

兩遍的書）。

- 做 ROE ／ EPS ／成長率／ PE 的名詞研究。

下個月，我們將閱讀高密度的書《投資最重要的事》。
我們可以：

1. 直接開啟以下筆記：

- 2022-04-22- 投資最重要的事 -ch-01- 第二層思考 .doc

- 2022-04-22- 投資最重要的事 -ch-02- 市場與侷限 .doc

- 2022-04-22- 投資最重要的事 -ch-03- 估計價值 .doc

- 2022-04-22- 投資最重要的事 -ch-04- 價格與價值 .doc

- 2022-04-22- 投資最重要的事 -ch-05- 風險 .doc

2. 將書裡面的章節內容，一整章貼進檔案裡面，並將覺得不是重點的句子整段刪除。

3. 把剩下的內容重新組織成自己要的新結構（例如一章有 15 個段落，可以縮減成 3 個重點段落）。

4. 將這本書當中出現的名詞或概念用筆記軟體整理，並新增一張「卡片」。

▌ 示範：上烹飪課（海鮮食材處理）的流程卡片筆記

課程前準備：

1. 這門課程需要瞭解哪些基本問題？

- 如何進行三去（去頭、去鱗片、去內臟）的步驟？

- 有效去腥的方法是什麼？

- 如何高效去骨？

- 如何乾淨地去皮而不損傷肉質？

課程後整理：

1. 立即記錄今天每一道菜的製作流程。

- 2022-04-week-1- 食譜 - 炸魚塊 .doc

- 2022-04-week-2- 食譜 - 宮保花枝 .doc

- 2022-04-week-2- 食譜 - 味噌魚頭 .doc

2. 用 ORID 寫下一些觀察、思考、學習心得、小知識：
2022-04-week-1- 烹飪課 -ORID.doc

3. 記錄課程上學到的重要技巧：

- 2022-04-week-1- 魚 - 三去訣竅 .doc

- 2022-04-week-1- 魚 - 去腥訣竅 .doc

- 2022-04-week-1- 魚 - 採購訣竅 .doc

- 2022-04-week-1- 魚 - 去骨訣竅 .doc

- 2022-04-week-1- 魚 - 去皮訣竅 .doc

- 2022-04-week-1- 如何控制菜色鹹度 .doc

　　卡片筆記法並不是在有空閒時間整理筆記時，隨意從腦海中把某些名詞的定義寫下來，然後將它們疊成一堆卡片。相反的，我們應該先將「記住的一件完整事情」以「一

包一包」的形式打包，然後在有空閒時間時，再打開找到重複且可以獨立抽出來的元素，並拆分成一張一張更小單位的知識卡片。盧曼需要快速記錄東西或寫日記時，他使用的是索引卡片，而非小筆記本（他的速記第一層用的是紙張索引卡）。

如果你對這套方法有興趣，不妨用上面介紹的方法實踐一兩週。我相信你一定能很快看到效果（成果甚至會堆積如山）。

4-3

卡片筆記法高級流程版
（使用 Logseq 示範）

時間來到兩個禮拜後。照正常進度，此刻你的手上應該已經有一百多篇的筆記。雖然在短期內這些筆記還算好找（每篇都有時間標記，而可以用電腦內建的軟體進行搜尋）。但是面對這麼多篇筆記，後續我們仍然希望能有更有效率的軟體來協助整理。筆記之間如果能用關鍵字自動串連起來那就更好了。

只要點擊關鍵字就能自動找到所有相關的筆記。這就是我們理想中的操作模式！

為什麼我們會如此渴望這樣的功能？

大腦資訊的記憶模式：關鍵字

因為在大腦中的記憶本來就是用關鍵字去串連的。透過一串一串的關鍵字，逐漸擴大成關鍵字記憶網路。

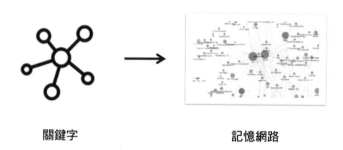

關鍵字   記憶網路

雖然大腦需要，但卻未內建足夠的儲存空間和檢索能量，足以讓我們把生活中發生的每一件事記錄下來。因此，我們需要仰賴外部的儲存空間來記錄，這也就是筆記的用處。

不過，要用傳統的紙筆做出關鍵字網路非常困難。理論上我們可以：

1. 將筆記重新整理成一張一張的卡片線索。

2. 將這些卡片按照日期編號，並貼上各種顏色的關鍵字貼紙。

3. 再將這些卡片按照知識領域，分類到不同的卡盒中。

檢索資訊時就能迅速找到所需資訊！（這就是盧曼的卡片筆記法原理）但現在已有科技工具輔助，我們不再需要自己手動和花許多時間去做，藉助軟體能夠達到相同的效果，而且更自動、更省力。

這裡我要介紹一套 2020 年問世的筆記軟體 Logseq，它能符合這類需求，成果也讓人驚喜。

Logseq 的運作原理是讓使用者撰寫一張張的卡片，透過〔〔條目〕〕和 #tag 就可以自動串連起來。使用者可以直接在當則筆記中看到過去「相關」筆記的串連和引用關鍵字。

這套筆記軟體提供兩種預設的資訊新增模式。這種設計方式恰好符合大腦記憶運作的方式：

• 日誌（Journal）模式：以日期流水號做為頁面名稱。

• 詞條（Page）模式：以詞條為單位做為頁面名稱。

接下來將要詳細介紹在 Logseq 中新建筆記的步驟與方法。

生產過剩

馬歇爾菲爾德（Marshall Field）

動機

供給

需求

訴求

價格

人物卡

資本

心理學

信貸

如何操作人類心理

經濟學

P. D. Armour

競爭

反應

注意力

廣告和銷售技巧

延髓

小腦

Modern Business

神經

習俗

利潤

商業

▌ Logseq 模式 1：日誌模式

Logseq 有兩種主要模式。理想的操作流程是先使用「日誌」模式，再轉換到「詞條」模式：

- 日誌模式：適用於你暫時還不確定要寫的內容，可以將搜尋到的資訊先貼在「日誌」上，日後再整理。
- 詞條模式：適用於你已經確定要摘要整理的關鍵字，可以直接開啟該詞條的頁面開始撰寫。

許多對卡片筆記法與 Logseq 感興趣的筆記愛好者，在第一次接觸到這套軟體時都相當興奮。然而在打開頁面，寫下關鍵字（也就是針對名詞寫卡片定義）後，卻常常不知道該如何開始，也不清楚如何才能建立一個完整的知識網路。我在前面的章節中提到，會發生這種情況往往是因為「關鍵流程」出現了錯誤。正確的方式是先「日誌」（總結）再「詞條」（歸納），而不是先「詞條」（歸納）再「日誌」（總結）。

Step 1：先用日誌模式捕捉「線索」

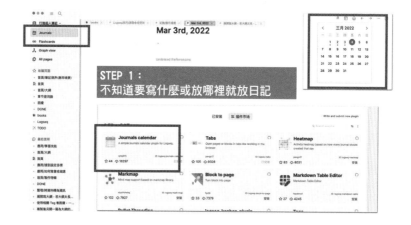

STEP 2：運用 ORID 模板快速組織

在日常中，我通常會在日誌模式中貼入當日隨手瀏覽到的資訊，有時候是我在閱讀過程中查詢並貼入的。有時候只是單純想要記錄當天發生的事情讓我產生的感想和體悟。

為了使記錄更有組織性，我會使用 ORID 模板，把記錄轉化為簡單的答題結構模式，以提高登錄效率。

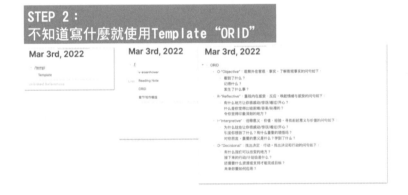

- O（Objective）：觀察外在客觀、事實。了解客觀事實的問題句如下：

  - 看到了什麼？

  - 記得什麼？

  - 發生了什麼事？

- R（Reflective）：重新看內在感受、反應。喚起情緒與感受的句子如下：

  - 有什麼地方讓你很感動／驚喜／難過／開心？

  - 什麼是你覺得比較困難／容易／處理的？

  - 讓你覺得印象深刻的地方？

- I（Interpretive）：詮釋意義、價值、經驗。尋找描述意義與價值的問題句如下：

  - 為什麼這些讓你很感動／驚喜／難過／開心？

  - 引發你想到了什麼？有什麼重要的領悟嗎？

  - 對你而言，重要的意思是什麼？學到了什麼？

- D（Decisional）：找到決定、行動。找到決定和行

動的句子如下：

- 我們有什麼可以改變的地方？

- 接下來的行動／計劃會是什麼？

- 還需要什麼資源或支持才能完成目標？

- 未來你要如何應用？

Step 3： 將這些線索打上 #tag 標記

我並不是那種隨時整理筆記的人。但是有了 Logseq，我會在隨手記錄完之後，對我認為有趣或有意義的段落或句子加上 #tag。

Logseq 中的詞條與 #tag 直接相關。未來當我需要整理特定名詞的「專屬詞條」時，這些被添加 #tag 的段落會因為內部連結的關係自動被引入，並且顯示出來。如果覺得看起來有些混亂，可以到那時候再整理。

STEP 3：
大量文本處理就先打 #tag

筆記困擾

Step 4：整理成詞條〔〔Page〕〕

等這些 #tag 線索累積夠多（大約是 5-10 條），我會將它們整理並合併成〔〔詞條〕〕。

關鍵字的儲存通常主要包含以下內容：

- 一個名詞的概述

- 一個概念的解釋

- 一套流程的記錄

▌ Logseq 模式 2：詞條模式

在 Logseq 中，只要使用雙括號將關鍵字框住，可以立刻形成該關鍵字的獨立頁面。或者，你也可以點擊 #tag，連結到該關鍵字的詞條頁面。

使用示範：撰寫閱讀筆記

1. 首先開啟一篇日誌，記錄我目前正在看的書。

2. 這本書可以是資訊密度高的書（使用貼上整本砍句法）或密度低的書（複製金句法）。

3. 當閱讀到一個段落（例如讀完整本書，或至少 1-3 章），開始做二次整理。

4. 在二次整理時，我會在句子間找出關鍵字打上〔〔〕〕標記。對於還只有模糊想法的大段落則打上 #tag。

5. Logseq 會針對〔〔關鍵字〕〕、# 關鍵字自動進行索引串連。若點擊進去，就會看到一個獨立的頁面，這個頁面的詞條就像維基百科的條目一樣，主條目

內容是空白的，但下方會自動顯示所有提及到這個關鍵字的頁面。

6. 後續編輯這個條目時，你可以參考這些相關資訊，快速重新組織這個條目的內容，並編寫名詞卡。

　　在這個過程中，如果在詞條內看到人名或書名，我會立刻標記人名卡或書名卡。這種情況通常發生在摘錄時，原始資訊中提及的部分往往是重要線索（根據我以往的經驗，這通常是重要的來源，資訊濃度極高）。但是我當時正忙著閱讀這本書，暫時沒有空去追其他本書，就會用這個方式先記錄下來，等有空時再開啟書籍卡，把提到的書和作者著作找出來閱讀。

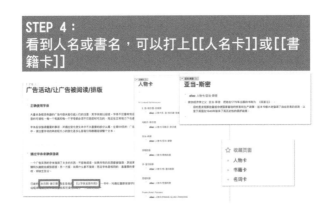

我會採用 Logseq 一個特殊技巧 Namespace，比如說〔〔人名卡／巴菲特〕〕、〔〔人名卡／查理蒙格〕〕、〔〔書名卡／窮查理的普通常識〕〕、〔〔名詞卡／價值投資〕〕。未來我只需點擊〔〔人名卡〕〕，就能看到巴菲特和查理蒙格兩個條目。即使條目裡面暫時沒有內容，但只要我有興趣，未來可以找時間補充和整理。

再次提醒大家：製作筆記甚至卡片筆記時，一開始不應該先寫「名詞卡」。應該先把一堆尚未整理的知識塞進去，然後為這些知識打上 #tag。等到 #tag 累積到一定程度後，再利用詞條模式將它們收集整理起來。

▌ Logseq 模式 3：Tag 模式

在 Logseq 中可以使用〔〔關鍵字〕〕或 # 關鍵字，這兩種方式都能連結到詞條。讀者可能會問，這兩者的使用時機有什麼差異？

當〔〔關鍵字〕〕定義較明確，我會用詞條去框選我確定的「名詞」、「概念」；當概念還是很模糊，我會使用 #tag 去對段落下注解。實務在使用時，我們甚至是對一

般摘要文章先打上很多個 #tag 做注解。後續在整理資料時，再透過 #tag 拉回可能有關的資料，再精確梳理〔〔關鍵字〕〕。

用我在筆記讀書會的問卷回應為例：當時為了要快速將這些資料分類，我會先對所有的回應加 #tag，然後再去統計各個 #tag 的數量，最後逐一合併 #tag，找到真正的大分類。〔〔關鍵字〕〕

Logseq 模式 4：namespace 模式

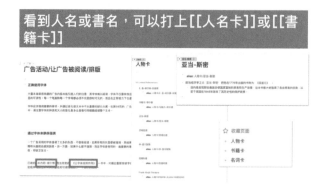

我們在前面提到，讀書遇到特殊的人名或書名時可以將它們拆分出來。這時就可以使用到 namespace 的功能。Namespace 直譯為「命名空間」，在一個條目中有許多細項時，可以用來創建類似於資料夾的索引。

Namespace用法：廣告／廣告好處／商人／降低銷售成本
檔案：廣告.廣告好處.商人.降低銷售成本.md

比如說 *Modern Business* 這套書，我在對「廣告」這一節做筆記。可是這個詞條的資訊量太大，因此我用上了 namespace 功能，把它們拆分成多層來收納。

筆記應該要拆分到多細呢？我的原則是：最好能在一兩個捲軸內可一目了然地看完，如果資量太大，我就會拆分出來。

▌ Logseq 模式 5：TODO 模式

在整理筆記的過程中，我們常常會產生新的想法或關鍵字，但是當下沒有足夠的時間去追蹤和填補。這時我會用 TODO / DOING 的關鍵字，將這些想法暫時擱置，待以後有空時再處理。等以後有空回來，只需要點擊〔〔待辦事項（TODO）〕〕這個詞條，就可以看到所有待處理的項目，就可以繼續之前的研究進度。

Logseq 模式 6：Query 技巧

Logseq 本身就具備了強大的關鍵字關連功能，而 Query 技巧是在頁面強行拉進你覺得有關的關鍵資料，展現在你眼前。通常我在做研究比對時會利用這個內建功能進行橫向比對。

Logseq 模式 7：Template

Template 是 Logseq 的進階功能。這裡不做操作示範，僅描述其概念。

Template 允許你將具有相似結構的內容儲存為模板。當你下次需要創建相似類型的節點時，可以直接使用快速鍵來複製該模板。

一般來說，我最常在 Logseq 上儲存的卡片模板有幾種：

- 名詞卡

  » 是什麼？

- 流程卡

  » 如何做？

- 後設卡

  » 如何做得更好？

- 書籍卡

  » 相關進階書籍

- 人名卡

- » 作者相關書籍

- 模板卡

  - » 文章寫作模板

  - » 書籍寫作模板

  - » 任務跟蹤模板

  - » 會議記錄模板

4-4

打造不斷進化的長青筆記：增強記憶、挖掘洞見

　　長青筆記（Evergreen note）用於描述一種永遠保持價值和有用性的筆記或文章。意味著創造一份不受時間限制，無論經過多長時間，都能保持其可靠性和穩定性的筆記。長青筆記通常涉及對某一主題或概念的深度探索，提供有價值的見解、觀點、知識和資訊。這份筆記結構嚴謹、經常更新，使用者可以隨時查閱和參考，無論在何種情況下都具有價值。

　　這是筆記人夢寐以求的最終目標，但也只存在夢裡。因為長青筆記受到筆記工具（如紙筆、軟體、檢索方式、更新方式）的限制，實現起來相當困難。而且我們都希望有人能發明一種筆記法，讓我們能夠 Write Once, Use Anywhere——只要記錄一次，之後只要重讀筆記就能達到最大的學習效果，也能夠從中快速提取資訊，立即實戰應用。

這世界上真的有這種「只需記錄一次，後續就能無限使用」的聖杯筆記法嗎？我也這麼希望，但實際上並不存在。它不僅不存在，這個想法還是我們受限於紙筆工具而「幻想」出來的「可能」解決方案。

我在梳理筆記流程時發現了這個原因，我感到相當震驚。因為在我們的學習生涯中一直在追求筆記的聖杯，一直在等待終極筆記法的出現，卻從來沒有思考過，這個「聖杯」對於我們用的筆記流程、所做的努力方向、產出效果而言並不合理。

■ 「整理」筆記而不是「寫」筆記

在這本書，我希望引入一個新的概念和流程：有效「筆記」應該是「整理」出來的，而不是單純記出來的。

當你在翻閱本書時，可能會注意到我在數位筆記流程中還有一個獨特習慣：對於資料的堆積與梳理，我非但不用筆記，對於資訊的記錄與整理，我都是用**錄的、貼的、砍的**。

1. 錄下上課的內容，轉成逐字稿

2. 直接複製書籍裡面的金句、段落貼進筆記，並刪除

不需要的部分。

相較於他人的筆記是「自己重新寫過」，這種大膽的筆記手法顯得相當不尋常。並不是因為我的筆記方式大膽創新，而是這是一套放大放慢的動作流程。

讓我們來回顧兩種情境：

上課情境

Step 1：老師講課，我們抄下內容。

Step 2： 對於剛剛抄下的內容產生自己的見解。

Step 3： 重新檢視筆記，寫出新詞條。

看書情境

Step 1： 閱讀書籍，摘錄書上的內容。

Step 2： 對於剛剛摘錄的內容產生自己的見解。

Step 3： 重新檢視筆記，寫出新詞條。

對比一下兩個流程，你可以看到：

- 我讓機器去做摘錄（對課程錄音或複製書上段落）。

- 我不馬上重寫筆記，而是扮演「筆記內容編輯」，剪下我認為有價值的段落

- 我不馬上整理筆記，而是在「有空」的時間，透過「整理」的方式，「歸納」出新詞條。

一樣也是「錄下資訊→篩出有用的內容→重新內化」，但是每一步都變得更省力、不花腦力、不需立刻執行，而且效果更好：原始內容保留得更完整，最終整理的結果更能反映出自己的洞見。

▌ 用大腦省力的方式，生出品質更好的筆記

傳統筆記流程之所以辛苦，是因為以下原因：

1. 即時算力要求太高

學習一個新領域時不但要同時記錄，還要同時整理，

甚至還要同時創造新的內容。這對於大腦來說，即時運算的需求過高。

2. 對於新領域掌握不夠

我們要對一個新領域產生洞見，傳統流程上必須先大量蒐集知識，才能解析出其中的關聯性與重要性。然而在上課時，僅是大量蒐集知識往往就已經耗盡了我們的時間與運算能力，後續實在無法進行解析。

3. 生成新內容的要求算力太高

大腦創造新記憶的原理並非憑空而來，而是基於「已知的節點」，在各節點之間創造新的連線。但在學習新領域知識時，大腦最大的困擾是：它不清楚哪些是「有效節點」，所以進一步也無法創造「有效」連線。

基於以上三個原因，上課即時做筆記對任何人來說都是艱鉅的任務。如果我們改用放大放慢的新流程來「整理」筆記，效果將會大不相同。

「複製貼上一本書」這個步驟的精髓是：

- 首先省去了「記錄」的步驟。

- 從中刪除自己不認同或不理解的句子。

- 利用軟體「大量重複」浮現的關鍵字為基礎，看出「關連」，並以新視角去創造「自己的觀點」。

用這樣大幅省力流程去做筆記，不僅分散運算需求，更能夠將大部分的腦力用在關鍵動作「找出關連」，最終筆記的品質反而更高！

■ 記憶是基於「重複刻畫」的「連線生成」

你可能對於這種新流程還是有些疑惑：不需要經過腦袋，真的能有效吸收知識嗎？

讓我來解釋一下。這樣的筆記方式並不是「沒有經過腦袋」，而是「經過很多遍腦袋」。理由在於：

1. 在整理筆記的過程中，新領域的關鍵概念**會反覆出現你的視線中**。

2. 「反覆看到」同樣的新知識會讓我們反覆受到刺激，

於是會想將它們整理起來，放在一個新的地方。於是我們創建了新的詞條，「歸納新的意義」。

大腦判斷一個新資訊是否有意義的原則是：

1. 是否反覆出現？

2. 是否與舊記憶中的「元素結構」有「重疊」（相同意義）？

新的學習流程雖然會讓我們反覆看到同樣的內容，但我們並不會因此感到疲憊。最後我們會重新詮釋，寫下這個詞條。

在大腦中，「重寫」的動作等同於「創造新的連線」。而你會「記住」，是因為這個「連線」被「重複」刻畫多次。在過去的觀念裡，我們認為要「經要努力」才能「記住」。現在你知道大腦的記憶原理了，能節省五倍力氣、提高五倍記憶效果的筆記新流程真的不是天方夜譚。

在以前，寫筆記的時間和精力都不夠用，但是新的流程可以讓我們做三到五次以上的初步整理和詳細整理，而

且不會感到疲憊。經過仔細整理後的產出，無疑會得到更好的學習成果。

■ 「洞見」就是原創筆記

對於這個筆記法你可能還有第二個疑慮：寫出來的筆記只是複製了原作者的內容，對學習並無實質幫助？

根據我的實際經驗，透過這種方式的流程與梳理，並進行交叉「整理」和「挖掘」，我常常能得出與作者完全不同的觀察洞見，產生意想不到的驚喜（在後面的章節會提到為什麼會有這樣的結果）。

第三個疑慮是筆記內容的原創性與著作權：真的可以複製與摘抄嗎？

首先，我們自己寫的筆記，只要放在私人筆記夾裡的草稿、整理箱，並未公開，就不會有著作權問題。我們摘抄筆記是「使用」作者的內容，著作權主要涉及的是重新製作與公開。

再來，世間的作品很少完全原創。大多數的創作與筆記幾乎都是口水筆記。看了前人的示範資訊，才會有手上

這份筆記。

知識的「概念」、「定義」、「流程」早就存在世界之中。摘錄和整理「概念」、「定義」、「流程」並沒有什麼原創問題。而筆記的真正意義，在於你對這些「概念」、「事實」的「內容組織結構」進行一手的「意義重述」。

最後，筆記經過我們多重組織、整理、編修，產生了新結構、新想法，怎麼可能與原作一模一樣呢？

而且，用傳統流程不可能製造出長青筆記，誰可能有那種腦力？！透過複製、砍掉、重新整理，長青筆記才能不斷進化；經常翻修、增添、重新連結，保持內容的新鮮，還能輕鬆找到有效的資訊，快速應用出來。

現在，各位讀者應該知道我是如何在兩三個月內讀完千萬字巨作 *Modern Business*，並且做出幾千則交叉連結筆記了。這個創舉對以前的我來說無法想像，但是對現在的我已經不再困難。我讀得越多越上癮。就像在玩整理紙箱，發現新寶物的尋寶遊戲！

時間管理術:如何挖出碎片化時間輕鬆整理筆記

我們已經知道整理筆記很重要。但是如何在忙碌的日程中擠出時間來整理這些線索、資料和資訊呢?「沒有時間整理」聽起來棘手,但其實與另一個問題「如何找出時間來讀書」的本質相同。

我們可以把書/沒整理的筆記想像成未經清洗,上面還沾滿泥土的蔬果:

未經過淘洗的資訊

處理過的資訊容易食用吸收

學習過程中常見的就是誤以為原始狀態的蔬果（知識）可以直接食用，結果卻消化不良導致腹瀉。消化資訊要像吃蔬果一樣，經過清洗、切片、烹煮，即使要生吃，也要切成能塞進嘴巴的大小。

　　既然時間有限，我們該如何處理這些資訊呢？尤其是當我們需要大量的時間來「烹煮」資訊？別擔心，我們可以分解烹飪的過程，你會發現這些處理步驟都可以利用零碎的時間來完成。

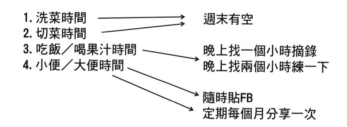

▌ 1. 買菜

買菜可以想像成是從外面吸收資訊。可以是上一堂課程、讀一本書、聽一場講座，路上閒晃捕捉。時間不拘。

▌ 2. 洗菜、切菜

洗菜是將這些買進來的菜「標準化」（見 3-1 提取：將線索變成資料提到的標準化手法）。將外面的泥土刷乾淨，然後放入冰箱。至少得做到想使用時知道放在哪裡；塞得進冰庫，到時候也拿得出來。

這道工序需要花一些時間，建議在週末進行。

▌ 3. 做菜、試吃

在前一道工序已經處理得差不多了。烹調時通常只需要切片、去除不要吃的部分和加熱，大約需要花 30-60 分鐘的時間。這個階段通常是精煉關鍵字、梳理流程、歸併筆記、增添和刪減筆記。

▋ 4. 消化

消化之後拿出來分享，可以是小的也可以是大的。

- 小分享：FB 上隨手的感想、直播分享簡單心得。

- 大分享：發表認真的長文、整理投影片、設計課程。

經過這樣的重新安排，你是不是發現「持續」整理筆記的門檻並沒有想像中的高，反而比原先的方法高效許多呢？

第 5 章

搜尋：如何探索未知問題的答案

探討「搜尋」這個題目，我們還可以深入分為兩個子議題來討論：

- 如何迅速找到過去寫的筆記？
- 如何精確找到與當前問題相關的筆記，並加以利用？

▌ 1. 如何迅速定位找到過去寫的筆記？

如果是用傳統的紙筆方法，要從一堆筆記中挖掘出你要的資訊，基本上相當困難。但是經過我前面的講解，我相信各位已經不再受這個問題困擾了。因為只要按照第三章〈提取：將線索轉化為易於檢索資訊的神奇折衣技巧〉所說的方法，將線索照以下步驟整理：

- 格式處理（轉換成手機、電腦易於搜尋的格式）

- 檔案按照日期方式排列

- 檔案使用關鍵字連結

- 將檔案儲存在雲端服務上（如 Dropbox, Evernote）

利用現代資訊工具的幫助，過去的筆記通常就可以透過「關鍵字搜尋」和「日期排序」輕易地找出來。

■ 2. 如何精確找到與當前問題相關的筆記，並加以利用？

既然打撈筆記碎片的門檻降低了，我想各位會對下面這件事更感興趣：如何運用過去累積的筆記解決當前遇到的問題，並找到答案？

Step 1：羅列問題

一般來說，我們做筆記的目的是記錄已知的資訊，然後將資訊轉成我們能理解的結構，並加以內化。

對於已知解法的問題，提取筆記內容相對容易。但對

於未知解法的問題，即使我們知道筆記中可能藏有答案，但是要找到線索就是一大挑戰。甚至有時候我們無法確定問題的定義，因此不知從何尋找相關資料。

這就涉及到一個重要的觀念：不是筆記需要整理，問題同樣也需要整理！當問題被清晰定義並經過整理，我們才有可能找到答案。

這本書的誕生，就是用這樣的手法找到關鍵的。在此之前我和大多數讀者一樣買了很多筆記書，試圖摘錄重點，並寫下許多筆記。有很多片段筆記技巧，但是在筆記上遇到的許多問題卻始終未能得到解答：

1. 筆記速度不夠快，無法快速摘要重點。

2. 筆記散落在不同的筆記軟體，尋找困難。

3. 筆記整理困難，容易遺忘。

4. 筆記之間的連結關係不明顯。

5. 筆記無法有效地應用和分享。

6. 筆記容易遺失或無法快速找到。

7. 筆記無法有效地整理和歸納。

8. 筆記無法快速記憶和內化。

9. 筆記無法有效地搜尋和提取資訊。

10. 筆記無法有效地轉化為行動。

11. 筆記分類和標籤混亂，尋找困難。

12. 筆記無法有效地記錄和整合不同形式的資訊。

13. 筆記無法快速摘要和理解。

14. 筆記無法有效地連結和串連不同的知識點。

15. 筆記無法快速找到相關的筆記知識。

16. 筆記無法有效地整理和應用學習心得。

17. 筆記無法快速抓住重點，尤其是跨領域學習。

18. 筆記無法有效地拓展自身能力和領域。

19. 筆記無法快速找到相關內容和解決問題。

20. 筆記無法有效地記錄和回顧個人成長和學習經驗。

而這一次，我們只是換個方向。不急著學新筆記術，

先把問題全部羅列出來，然後進行分類整理，找到筆記問題的五大關鍵字：記錄、提取、整理、搜尋、應用。

再深入探討每一個問題後，許多相關問題就自然而然得到了解答。

Step2：整理問題——整理結構再組織

關於「研究」，我認為許多人都存在一個誤解，就是認為所有的答案都可以在書本或筆記中找到。只要搜索引擎夠強大，就能找到所有的答案。

這個觀點可能正確也不正確。正確的是，歷史上的許多經驗和知識確實被保存了下來。不正確的是，在要尋求答案的領域裡，這個問題的流程節點還未被解開過，自然找不到答案。

如同本書的筆記術一樣。誰能想到，筆記的關鍵流程可以如此簡單？只粗暴地把問題都記錄下來、攤開陳列、切碎、抽取、再重新排序，就找到了解答。

你應該已經發現，面對所有的「新資訊」（上課內容、書籍、外部文章），我們幾乎都能用這種方式找到解答。

為什麼這個方法如此神奇有效？

我想要介紹一個既老又新的筆記方法「KJ 法」。了解 KJ 法的起源和發展，你會更清楚為什麼會有這樣神奇的效果。

▊ 解決問題的創新實戰方法：KJ 法

曾經閱讀過「打造超人系列」的讀者，對於我提到的「記錄、整理、分類、排序、解決」的手法應該不陌生。這套方法也是我對待任何具有挑戰性問題的慣用方式。只是，這套方法為什麼這麼有效？

坦白說，最初我自己也不清楚。只是因為我參與許多軟體專案，而且這些專案都有時間壓力（例如三個月內要做成一套超大系統），我才發現這套工序方法的效率驚人。

在開發軟體的過程中，我們常常面臨眾多的用戶需求，因此會先將這些需求記錄下來。由於軟體功能之間常常存在複雜的相依性，在時間壓力下，我們會設定一個假設，例如要在三個月的時間內完成，那麼我們應該在第一個月、第二個月、第三個月完成哪些任務。這種規劃方式

要從第三個月開始倒推，否則很容易因為進度預估過度樂觀而出錯。

由於專案是從結束時間去倒推規劃，因此每個月的完成節點和相關計劃都非常明確。再加上程式設計領域的特性，每一個工程任務都要有明確的輸入和輸出，因此我們會將大目標、小目標和任務切分得非常細。工程團隊每天會對任務和小目標進行執行、釐清、重新排序、連接和捨棄等操作。

我只是把這套原先工作上習慣的高速方法，搬到日常領域來解決各類的問題。

後來，偶然之中，我讀到 1968 年日本出版的《發想法》，才意識到原來早就有人發明了非常先進的領域研究方法，就是作者川喜田二郎發明的「KJ 法」（使用他的姓名縮寫而成）。

KJ 法的核心在於研究時先捕捉大量的想法和資訊，再進行分類和整合以解決問題。主要包含三個步驟：

- 腦力激盪（Brainstorming）：在不進行批評的情況下提出大量的想法。這個步驟可以由一個人完成，

也可以由多人共同完成。

- 標識（Labeling）：針對上一步驟中得到的想法進行分類和歸納，並生成標籤。重點是找出共同點，並歸納出主題。

- 整理（Arrangement）：根據標籤將想法進行重組，找到事物之間的關連和脈絡，從而獲得新的視角和理解。

▌ 三種領域研究法：書齋科學、實驗科學、野地科學

川喜田二郎在《發想法》中提出一個觀點：他認為這世界上所謂的「科學」，實質上還可細分為書齋科學、實驗科學、野地科學。

1. 書齋科學

書齋科學是指在書齋或研究室內進行理論推理和思考的科學，主要依靠閱讀和推理，並不涉及實地調查或實驗。許多市面上的學術書籍，其實就是學者讀書後「整理」出

來的成果。這些「學問」有時候是正確的，但也有時候是錯誤的。

這是因為這些學問並不是經過驗證的「事實」，而是「筆記」。很多時候只是研究者自己提出一個問題，然後在書中找到他們認為合適的答案，最後組織成讀書筆記。

書齋科學的弊病是：

1. 重視並依賴先人或古代的文獻和著作，對古典和傳統的過度崇拜，對後世的知識更新和發展反應緩慢，容易導致學術上的守舊和保守。

2. 過度重視推理而忽視實踐。書齋科學重視頭腦中的理論推理，忽視對實際現象的觀察和驗證。最後導致空談和背離現實，推論出的結論嚴重與實際情況脫節。

2. 實驗科學

實驗科學指的是依靠實驗和觀察驗證理論和假設的科學。起源於 17 世紀，典型的有物理學、化學等自然科學領域。

實驗科學具有驗證假設的實踐性。通過實驗可以驗證某個學術假設是不是真實可行，這也使得實驗科學在社會上獲得很高的信用。相比之下，書齋科學提出的看法由於難以驗證其真實性，因此不一定會被社會信任。

實驗科學的工作場所是實驗室，更貼近實際應用。相比書齋科學主要在書齋進行理論探討，實驗科學可以透過實驗設備和操作，觀察假設指示的實際結果。但實驗科學並非沒有缺點：

1. 實驗科學過於依賴過去的文獻資訊和理論框架。很多時候，實驗的設計和執行都是基於現有理論和知識，容易局限於現有模式，忽視真實世界的複雜性。

2. 實驗科學偏重分析和抽象，較少考慮具體環境因素。實驗環境相對簡單和受控制，而真實世界往往很複雜，不可避免會產生誤差。如果過分依賴實驗結果，可能會導致不適用於實際情況。而且有時候實驗結果並無法重現在現實生活中，因為生活中的環境因素並不如實驗室的單純。可以說，實驗科學可能只對某一組控制變因能夠產生出確定結果。

3. 野地科學

野地科學指的是在現實的野外環境中進行觀察和研究的科學方法。它與實驗科學相對應，實驗科學通常在實驗室控制條件下進行理論驗證。相比而言，野地科學更注重在自然界觀察獲得的數據，並從中發現問題和得到啟發。

野地科學起源很早。在人類漫長的發展歷史中，一直在透過直接觀察和體驗來認知世界，這就屬於一定程度的野地科學。隨著科學知識的累積，野地科學逐漸形成獨立的學科，例如地理學、人類學等。這些學科透過田野調查和第一手資料的收集，來研究地區和族群現實的真相。

川喜田二郎所在的領域是社會科學。社會科學恰好無法用書齋科學或實驗科學解決領域內想探究的問題。其實不只是社會科學，世界上大多數的領域都面臨著這樣的挑戰：

- 什麼才是真正的問題？

- 如何挖掘出真正的關鍵並解決？

- 如何解開關鍵點，重新排序成為真正的概念方法？

- 這些概念與方法如何可以重複證明，而且放諸四海皆準？

於是，他提出一種新的解題方法。

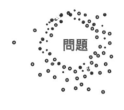
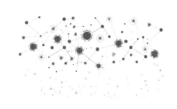

脈絡組織

分散的問題無法有效解決，需要梳理出問題之間的相關脈絡

首先，大量搜集資訊並識別出當前環境中出現的問題，並利用索引卡片將問題記錄下來。經過一定的整理和分類後，我們可以在卡片上找到問題的合理流程和公式並逐一解決。找到有效的解答後，將其整合在一起。經過大量的篩選和淘洗，最終產生的結論可能會顛覆原有領域的直覺答案。

我相信你在閱讀本書之前，可能從未想像過筆記可以這樣整理，甚至需要這樣整理：

- 原來我們的大腦無法同時進行記錄和整理的工作。

- 原來我們花費大量時間整理的筆記，往往只是無法再次利用的線索。

- 每次筆記整理到放棄，是因為我們先歸納再總結，而有效的方式是先總結再歸納。

▌ 整理、標記、重新歸納、類比

看到這裡，你應該開始知道這本書是如何淬鍊而成的吧？我正是運用類似的方法，結合卡片筆記法和筆記軟體 Logseq 所寫出來的。

最初，我想要開一個 Logseq 的讀書會，分享這款軟體的使用技巧。我發放了一份讀書會的問卷調查，但意外的是收集回來的參加者問題竟然全都與工具無關，大家反而迫切想要知道如何解決日常寫筆記時遇到的基礎流程問題。

而在看到這些問題後，我自己也對找尋這些問題的答案非常感興趣。於是我開始整理這一百多個問題。我將每一個問題輸入到軟體，並為它們標上 #tag。

  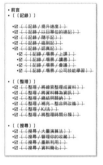

蒐集 分類 任務

經過分類和歸納之後，我發現問題主要可以分成記錄、提取、整理、搜尋、應用五個類別。在這五個類別下，每個類別會都有大約十幾個問題。有些問題過去曾經解決過，有些則是我從未接觸過，但稍做搜尋就可能找到答案。在這個過程中，我嘗試逐一整理出能回答的問題、無法直觀回答的問題。只是，後續更神奇的是，當很多沒有頭緒的問題經過這樣一輪流程整理，有 90% 問題似乎就得到了解答。

　　此外，為了進行讀書會，我試圖製作一份容易理解的講解投影片，構思了一些生動的比喻，例如「用折衣服比喻總結與歸納」、「用打獵切肉比喻資訊淘洗」、「用煮菜吃飯比喻資訊吸收」。後續在這些比喻的引導下，也輕易挖掘出許多相關的細節解答。

　　如果你是一位研究者，或者你正打算挑戰一個新的領域或興趣，不妨嘗試這種新的「搜索」方法來整理你的問題和筆記，可能會得到令你驚喜的結果。

任何創意工作都可以流水線化

第 3 部

第 6 章

應用

經過以上的示範，各位應該能夠理解當年發明卡片筆記法的盧曼教授能夠跨越多個領域，並且保持高產的原因了吧！探索新知、解決問題並不是靠一套軟體或方法就夠了，待處理的資訊與問題需要經過以下流程，才能迅速地存取有效資訊，並且能再次利用：

- 記錄

- 淘洗

- 定義

- 結構重整

前面已經探討了記錄、提取、整理、搜尋。在這一章，我們將深入探討應用方法。

6-0

創意產業如何工業化、流水線化？

　　這裡我想要提出一個新穎且令人震驚的觀點，這套筆記方法不但可以高效整理資訊，使用這套新筆記流程後，產出會更高效，更進一步說：任何創意工作在這套方法的重構下，都可以工業化、流水線化，達到高效產出。這個方法並不是假說，而且已經被實踐。

▋ 中國爆款暢銷出版社讀客文化的高速出版祕密

　　讓我來分享一個你可能不知道的例子。中國有一家快速竄紅的出版社讀客文化，它們出版的書在中國競爭激烈的書市裡，每一本都是現象級的大賣。從《藏地密碼》、《生死疲勞》、《銀河帝國》、《沙丘》，不管是新書還是公版書，在它們手上就是能賣爆！讀者們發現到，這些他們不由自主就買回去的書都是讀客文化做出來的。

　　以下是一些讀客文化驚人的事實數據：

- 某本公版書全市場 10 年賣了 5 萬本，在讀客手上賣了半年就賣了 15 萬本。

- 每一本書稿進入讀客文化，不到一個月就可以完成包裝上市。

- 每一本公版書銷量高於競爭對手至少 5 倍甚至 10 倍以上。

- 封面極度吸睛，能催動購買的慾望；設計與構思時間平均最多花一個小時（就算用 ChatGPT 寫文案與 Stable Diffusion 畫設計稿都沒有它們快）。

- 全公司的出版流程細化成 4300+ 的 SOP，順利地實行創意工業化。

換句話說，讀客文化實現了白領階級的夢想（或者說是老闆的夢想）和恐懼（或者說是員工的恐懼）：將創意產業工業化，將成功的方程式人肉自動化。

怎麼做到的？

▋ 汽車產業可以工業化、創意產業也可以工業化

讀客文化的老闆華楠在 2023 年初公開了它們的祕密訣竅：讀客方法論。但我覺得比起想法，它們的精神與貫徹執行更值得學習。

這套方法論並非華楠在讀客文化中創立的。他在前一家公司「華與華廣告諮詢營銷公司」就已經開始探索，並形成了這套方法。華與華是中國四大廣告公司之一，傳奇中的傳奇，由華楠和華杉共同創立。眾所周知的華與華超級符號創造方法正是他們的創新成果。在無法忍受廣告業高強度產出的壓力後，華楠希望將這套方法論應用到可以大量生產的商品上，也就是書籍市場。於是他創立了讀客文化，並發展出全新的讀客方法論。

他的目標是將「創意產出」工業化，這種對文化人而言天方夜譚的目標。始於他的一個研究契機：研究汽車工業的工業化始祖 Model T 是怎麼造出來的。

現在大幅自動化的汽車生產業在一百年前生產效率非常低。組裝一台汽車可能需要花費數天到數週的時間，取決

於該工廠的規模和生產效率。許多零件需要手工安裝和調整，不像現代生產線那樣可以快速且精確地自動化裝配。就算是火力全開，福特在當時每年最多只能生產 10607 輛車。

亨利福特意識到，如果將生產過程分解為一系列的簡單步驟，並讓工人專注於其中一個步驟，然後讓汽車在製造過程中沿著流水線移動，每位工人只需負責特定的任務，生產效率就會大幅提高。於是福特公司借鑒了芝加哥屠宰場的流水線，在 1913 年推出了著名的「T 型車」（Model T），並引入了流水線生產技術。這種製造方式使得汽車在裝配過程中按照一定的順序在工作站之間移動，每個工人專注於自己的任務，從而節省了時間和成本。由於每個工人只需掌握特定的技能，培訓和人力成本也得以降低。此外，流水線還有助於標準化和品質管制，因為每個車輛都經過相同的裝配過程，減少了變異性和錯誤。

福特公司的流水線生產模式革命性地改變了整個汽車工業的製造方式，使得汽車生產更加高效、快速且可靠。福特 Model T 流水線在 19 年內就生產了 15458781 輛（平均每年 80 多萬輛）。

在 1948-1975 年，日本的豐田汽車提出了豐田生產方式，其中的 Just in Time 與看板（Kanban）工作法，更將整個汽車產業的生產效率提高到另一個境界。如今在生產流水線化、機器自動裝配的技術幫助下，特斯拉的中國超級工廠的生產速度是難以令人置信的一分鐘一台（Model Y）。

正是汽車工業從高度手工業變成高效自動產出，才讓華楠覺得「創意流水線化」是高度可行的。

▍ 記錄、梳理、檢核、SOP 模板

華楠從汽車產業中汲取靈感，決心改革文化產業。他鼓勵全體員工「記錄」日常的工作，總共整理出四千多條 SOP，並「分類」為八大模組：版權、研發、生產物流、實體銷售、網路銷售、全版權運營、營銷推廣、新媒體運營。並梳理出每一個模組的流水線，對流水線上的流程「編號」。每一個被編號的流程都配有 SOP、檢核表、操作模板。這些 SOP 由公司的流程委員會審定，每個員工都可以提出改進建議（並有激勵獎金），經過流程委員會審批後會更新 SOP。因此，流程 SOP 是不斷更新、永不過時的「長青筆記」。

讀客每個月都會大方地舉辦工作坊，甚至邀請嘉賓一同參與封面創作，利用他們的「一小時創意車間」方法創作封面。我的朋友曾參與過這個工作坊。在參加之前，他們從未設計過一本書的封面，但是在讀客方法的指導下，一組新手竟然在一小時內完成市場調查（稱為尋寶報告），並設計出具有讀客風格的封面（再次強調，這比 AI 軟 ChatGPT+Stable Diffusion 還快）。

這套流程的效率很高,但你可能會對此出版工業化的方法心存疑慮,擔心這會扼殺創意。讀客認為這並不是問題。他們認為,只有將瑣碎的流程固定化,成功模式結構化,員工才能專注於尋找元素之間的創新。後續的產出成績與銷售成績也證明了這套方法的實用性與可靠性。

將自己的筆記、工作模板化

讀客這套流程對筆記方法有什麼連結?

我們常常認為,工作上、日常中學到的概念很難被拆解,抄下來的筆記很難再次利用,工作很難分派出去,效率很難再提升。事實上,當中更大的原因只是我們分解得不夠細緻、不夠模式化、不夠流程化。只要我們能建立起自己的資訊消化流程,累積出足夠的知識模板,你的創意、洞見產出的質與量就會快速提升。

在本章,我將介紹寫作本書時用到的素材整理方法、內容模板供大家參考使用,激發更多創意靈感。

如何流水線化生產一本書（以本書為例示範：問題收集、想法發酵、解析、研究到寫作）

Step 1：蒐集大眾困擾

這本書的素材是我從筆記讀書會上蒐集問題衍生而來的。總共有一百多條困擾，歸納出需要解決的 20 道問題：

1. 筆記速度不夠快，無法快速摘要重點。

2. 筆記散落在不同的筆記軟體中，尋找困難。

3. 筆記整理困難，容易遺忘。

4. 筆記之間的連結關係不明顯。

5. 筆記無法有效地應用和分享。

6. 筆記容易遺失或無法快速找到。

7. 筆記無法有效地整理和歸納。

8. 筆記無法快速記憶和內化。

9. 筆記無法有效地搜尋和提取資訊。

10. 筆記無法有效地轉化為行動。

11. 筆記分類和標籤混亂，尋找困難。

12. 筆記無法有效地記錄和整合不同形式的資訊。

13. 筆記無法快速摘要和理解。

14. 筆記無法有效地連結和串連不同的知識點。

15. 筆記無法快速找到相關的筆記知識。

16. 筆記無法有效地整理和應用學習心得。

17. 筆記無法快速抓住重點，尤其是跨領域學習。

18. 筆記無法有效地拓展自身能力和領域。

19. 筆記無法快速找到相關內容和解決問題。

20. 筆記無法有效地記錄和回顧個人成長和學習經驗。

Step 2：針對關鍵主題分類

然後將這 20 個問題粗分為

- 輸入的場景

- 想提升的境界

- 如何進行整理

- 如何進行搜尋

- 如何進行高效應用

- 如何進行跨領域研究

▌ Step 3：做系統研究

針對這 20 個主要問題研究現有的流程、提取經驗概念、他人的解法。

如何做研究？
蒐集（大眾）問題
問題轉成分類
分類轉成（自己）問題
問題轉成定義、流程、調整
每張卡片都是一個章節
整理逐字稿
還沒弄清楚的拆成卡片

我通常用這兩種模板整理筆記：

概念與流程筆記

1. 點出問題

2. 定義這個問題

3. 敘述流程

4. 怎麼樣把這件事做到更好

	流程
問題	針對當前問題答疑
定義	領域裡面的術語解釋
如何做	一道一道的菜譜
如何做更好	2-10 倍有效的方法

觀察與感想筆記

閱讀他人對於筆記的解法與書籍時，對參考資料寫下自己的 ORID。

觀察	
O	我觀察到了什麼？
R	我感覺到了什麼？
I	我對這件事情的想法是什麼？
D	我決定要去做什麼？

O（Objective）：觀察外在客觀、事實。瞭解客觀事實的問句如下：

- 看到了什麼？

- 記得什麼？

- 發生了什麼事？

R（Reflective）：重視內在感受、反應。喚起情緒與感受的問句如下：

- 有什麼地方讓你很感動／驚訝／難過／開心？

- 什麼是你覺得比較困難／容易／處理的？

- 令你覺得印象深刻的地方？

I（Interpretive）：詮釋意義、價值、經驗。尋找前述意義與價值的問句如下：

- 為什麼這些讓你很感動／驚訝／難過／開心？

- 引發你想到了什麼？有什麼重要的領悟嗎？

- 對你而言，重要的意義是什麼？學到了什麼？

D（Decisional）：找出決定、行動。找出決議和行動的問句如下：

- 有什麼我們可以改變的地方？

- 接下來的行動／計劃會是什麼？

- 還需要什麼資源或支援才能完成目標？

- 未來你要如何應用？

▌ Step 4：梳理書籍大綱

最終將筆記梳理出一個新流程：記錄→提取→整理→
搜尋→應用，並根據這五大分類開始構思大綱。

```
打造超人筆記                              筆記困擾__分類

• 前言                                    • 輸入
• 輸入                                      • 速度
  • 大部分人的困擾                            • 手寫
  • 正確釐清流程                              • 拍照
    • 流程是記錄、分類、整理、搜尋、應用           • 錄音
    • 最常掉進的陷阱是先分類，再記錄              • 打字
    • 記錄不耗CPU                          • 場景
    • 所有人都卡在整理上                        • 日常
  • 媒介                                    • 網頁瀏覽
    • 現代筆記有很多媒介                        • 手機滑到
    • 隨手的紙片、手機拍照、錄音、筆記本            • 上課
    • 下一個問題會卡在「同步」上                  • 會議
    • 每天會發生太多事件，不是每一個事件都          • 讀書
      值得記錄                              • 公司或技能知識
    • 人類的記憶是按照天、週、月、年去分類          • 待辦事項
• 分類                                    • 分類
• 整理                                      • 記錄的分類
• 搜尋                                        • 日期
• 應用                                        • 主題
                                            • 問題
                                          • 主題的分類
```

接著將這些題目整理成詳細大綱，若太長則切割為寫
作卡片。

大綱

» 前言
» 記錄
    » 〔〔提升速度〕〕
    » 〔〔以日單位的速記〕〕
    » 〔〔隨手記〕〕
    » 媒介
        » 現代筆記有很多媒介
        » 隨手的紙片、手機拍照、錄音、筆記本
        » 下一個問題會卡在「同步」上
        » 每天會發生很多事件，不是每一個事件都值得記錄
        » 人類的記憶是按照天、週、月、年去分
        » 逛到記
            » 網頁
            » 任務軟體
            » 整理時間：每週
        » 認真記
            » 重點不是你記得什麼
            » 是你想要留下什麼重點
            » 知識交配

根據每一個大綱的標題，先粗略寫上 5-10 句自己的感想。

提升速度

- 大部分人的困擾是速度
- 速度最大的問題是因為把流程混在一起做
- 結果就卡著當機了

- 流程：記錄、整理、搜尋、應用

- 正確釐清流程
  - 流程是記錄、分類、整理、搜尋、應用

  - 最常掉進的陷阱是先分類，再記錄
  - 記錄不耗CPU
  - 所有人都卡在整理上
  - 同時寫＋整理是假議題
    - 人類就是無法同時進行
    - 記憶要內化不是一次就能記得

- 聽講者的資訊流

- 聽講者的資訊流與你的不對稱
- 通常覺得不夠快，都是上課，或者是對方發表演講
- 唯一最好的捕捉方式就是錄音，或是找筆記神抄手
- 只做能與你當下碰撞的

- 速度
- 費時

---

22 Linked References

筆記困擾

- 萃取高品質知識的速度太慢 `#萃取` `#速度`
- 喜歡手寫的質感，但速度不夠快 `#手寫` `#速度`
- 寫完之後，不能夠互相引用，臨時有額外的發想沒有地方寫，尤其是讀論文PDF，每一段會有不同想法，需要標記出處論文，然後出處論文事實上又有自己的論述，這些需要互相參照，一般筆記寫起來很麻煩。速度不夠快 `#出處` `#論文` `#引用` `#速度`
- 抄寫不夠快，沒有萃取到精華（寫了一大段，才知道前因後果），整理不知道怎麼歸類，後面複習沒法快速內化。速度不夠 `#速度`
- 想整理東西很多，但整理起來太慢 `#整理` `#速度`
- 找不到自己記的內容，欠缺有效的筆記分類方式，用電腦筆記的速度太慢，筆記內容跟之前的知識系沒有結合，欠缺好用的筆記軟體 `#分類` `#速度` `#整合`
- 做完筆記想用的時候找不到，或是不知道怎麼找 `#尋找` `#速度`
- 發話者訊息傳達太快，筆記記錄不及 `#速度`
- 產品都有，資料管理不易 `#手寫` `#干擾` `#筆記軟體`
- 寫字速度、寫的時候會影響理解，新想法浮現來不及記下來 `#速度` `#理解` `#新想法`
- 筆記速度不夠快，筆記分類雜亂 `#速度` `#分類`
- 希望速度能再快一點，讓文章產出的速度可以更快，同時間也可以有人問 `#速度`
- 上課筆記最大的問題是，筆記速度跟不上講師說話的速度 `#速度`

等感想大致寫完，再看著這 5-10 句的感想線索，搭配原先問題的關鍵字，重寫成一篇文章。這些文章會變成一篇篇有效的資訊。

Step 5：重構領域概念

當我重寫了 80% 的文章稿後（通常是初稿階段），我會進行第二、第三輪的整理。也許是將所有內容做成一份更直觀的投影片，透過整理投影片的過程濃縮內容，讓結構變得更具體。或是直接把投影片的結構做為書籍的章節結構，重新調整內容比重。

Step 6：生成內容矩陣

尼可拉斯・柯爾（Nicolas Cole）在 *The art and business of online writing* 裡提到網路上有常見的五種文章形式：

1. 可操作指南（Actionable Guide）：提供讀者具體例子和步驟的長篇指南文章。

2. 意見（Opinion）：表達作者觀點或立場的文章。

3. 整理清單（Curated List）：提供精選訊息或資源的

清單式文章。

4. 故事（Story）：講述一個故事或案例的文章。

5. 可信的評論（Credible Talking Head）：邀請專家學者發表專業意見的訪談式文章。

比如我們原先寫筆記的 20 個困擾，按照這 5 種文體，就成了 20 篇可以撰寫的角度：

1. 可操作指南（Actionable Guide Form）

- 提升筆記速度，快速摘要重點的技巧和步驟。

- 如何避免筆記遺失和快速找到需要的資訊。

- 如何有效分類和標籤筆記，解決查找問題。

- 整理和應用學習心得的實用步驟和方法。

2. 意見（Option）

- 整合筆記軟體：為什麼把筆記集中在一個平台上有助於解決查找問題？

- 簡單整理的策略：如何快速歸納筆記內容。

- 整合不同形式資訊的方法：如何記錄和整合文字、圖片、語音等多媒體資料。

- 在跨領域學習中如何抓住筆記重點。

3. 整理清單（Curated List Form）

- 最佳筆記記憶和內化方法的精選清單。

- 快速摘要和理解筆記的工具和技巧清單。

- 5 個有效的筆記整理方法，不會再也找不到筆記。

- 擴展筆記能力和領域的推薦資源清單。

4. 故事（Story）

- 如何運用筆記連結關係解決實際問題：一個成功的案例分享。

- 學習者如何透過筆記搜尋和提取資訊，解決學習困境的故事。

- 透過筆記連結和串連知識點，我如何完成一個跨領域學習專案。

- 如何透過筆記找到相關內容。

5. 可信的評論（Credible Talking Head）

- 專家觀點：分享筆記的最佳方法和工具，提高有效應用和分享能力。

- 專家觀點：對筆記轉化為行動的看法和建議。

- 專家觀點：如何快速找到相關筆記知識，提高學習效率。

- 專家觀點：筆記記錄和回顧個人成長和學習經驗的重要性。

利用原子筆記生成無窮的創意：筆記的解構與知識的創新重塑

這本書的寫作流程示範了一件事：只要能將元素拆開切細，透過模板與元素就可以高效創造不同種類的內容。不僅是書可以這樣做。其他熱門的非文學類文體都是可以用這樣的方式深入研究領域問題，產出時再針對不同載體轉換內容呈現方式。

▌ Podcast 大綱速成指南

Podcast 的腳本大綱需要根據節目類型和主題而有所不同，但通常包含幾個主要部分：

1. 開場白：介紹節目的部分，可以包括主持人的自我介紹、節目名稱和主題，以及一個簡短的概述。

2. 主題介紹：主持人更詳細地介紹節目主題，解釋為什麼這個主題很重要，以及將要討論的內容。

3. 主線內容：節目的主要部分，主持人和嘉賓進行對話和訪談，討論主題的不同面向。根據節目的風格和目的，可以是深入的討論、故事分享、問答環節。

4. 插播音樂和音效：可以增加節目的節奏感和吸引力。音樂與音效可以用來引入新主題、分隔不同的節目部分，或者營造特定氛圍。

5. 廣告或贊助商宣傳：如果節目有廣告或贊助商，可以在適當的時候插播廣告或贊助商的文宣。可以是主持人自己朗讀廣告，或者是預先錄製的廣告片段。

6. 結語：在節目接近尾聲時，主持人可以總結討論的重點，提供一些結論性的觀點，並感謝嘉賓與聽眾的參與。

7. 結束語：最後，主持人可以結束節目，再次提及節目的名稱和主題，並鼓勵聽眾進一步參與，例如訂閱、評論或分享節目。

■ Youtube 知識類影片腳本生成

知識類 Youtube 影片的腳本大綱可以根據主題和風格有所變化。以下是一個常見的結構：

1. 引言：開場介紹自己和影片主題，吸引觀眾的注意力。

2. 問題陳述：提出一個問題或主題陳述，讓觀眾明白影片的目的和內容。

3. 背景介紹：提供相關的背景資訊，讓觀眾了解主題的背景和重要概念。

4. 主要內容：影片的核心，可以根據主題分為幾個小節。在每個小節中使用文字、圖片、影片片段等容易理解的方式來解釋相關知識。

5. 實例和案例分析：說明所介紹知識的應用方式，讓觀眾更容易理解和記憶。

6. 關鍵點總結：在影片接近尾聲時，重點回顧和總結所介紹的關鍵知識點，強調觀眾應該記住的內容。

7. 問題回答和互動：鼓勵觀眾在評論區提問或分享想

法,並在下一個影片中回答這些問題或回應觀眾的意見。

8. 結語:結束影片,再次感謝觀眾的觀看,並提醒他們訂閱頻道或觀看其他相關影片。

這是一個基本的腳本結構,你當然可以根據自己的風格和主題調整和修改。

▋ 線上課程:結構化你的領域知識

線上課程的腳本大綱可以根據課程內容和目標而有所不同,但通常包含以下主要部分:

1. 導入部分:介紹課程的目標和重點,激發學習者的興趣,並提供一個概述,讓學習者了解整個課程的結構和內容。

2. 學習目標:明確列出課程的學習目標,讓學習者知道他們將在課程中學到什麼,並能夠評估自己的學習成果。

3. 內容部分：根據課程的主題和目標，將內容分成不同的單元。每個單元應該有一個清晰的主題，並按照一個邏輯順序進行組織。每個單元中可以包括教學影片、示範、案例研究、練習問題等。

4. 互動和參與：線上課程應該能提供互動機會，以促進學習者的參與和主動學習。可以包括討論、問答、小組活動等。

5. 評估和回饋：在課程中評估學習者，以確定他們達到了學習目標。可以通過測驗、作業、專案等方式進行。講師同時提供即時的回饋和建議，幫助學習者改進和進一步學習。

6. 總結和結束：在課程最後總結內容和學習成果，並提供進一步的學習資源和建議，以便學習者繼續深入學習。

這些是線上課程腳本的一般結構，但具體的結構還可以根據課程的特點和目標做調整。

論文寫作其實有公式

寫科學論文通常要包含以下結構：

1. 標題：應該簡潔明確，能夠準確描述研究的主題。

2. 摘要：做論文的總結，包含研究的目的、方法、結果和結論。摘要應該簡明扼要，能夠讓讀者快速了解研究的內容。

3. 引言：提供研究的背景和動機，說明研究的目的和重要性。同時回顧相關的文獻和研究，並指出研究問題。

4. 方法：詳細描述研究的設計、實驗材料、實驗方法和數據分析方法。這部分應該要足夠詳細，以便其他研究者能夠重複實驗。

5. 結果：清晰呈現研究的主要結果，可以使用表格、圖表或圖片來展示數據。並且對結果做統計分析和解釋。

6. 討論：解釋和分析研究結果，並與相關文獻做比較。還應該討論研究的局限性和未來的研究方向。

7. 結論：總結研究的主要結果，並回答研究的問題。還可以提出對未來研究的建議。

8. 參考文獻：列出所有引用的文獻，並按照特定的引用格式進行編排。

此外，一些科學論文還可能包括其他部分如致謝、附錄等，具體結構要根據學科和期刊要求而有所區別。但一篇論文的寫作多半可以如此模版化、公式化。

揭開小說與劇本的神祕面紗，運用筆記也可解構、建構出令人驚艷的故事

　　從非文學類的範本中可以發現，非文學類文體的挑戰並不在於「應用」。只要我們在研究過程中將資訊細緻地整理與分解，並填入既有的範本，創作的速度便能大大提升。那麼文學類的文體，如故事、小說、劇本，是否也能這樣做呢？我原本以為不太可能。但是在拜讀過美國劇本大師羅伯特・麥基（Robert Mckee）的新書 *Action: The Art of Excitement for Screen, Page, and Game* 我改變了原先的想法。原來只是展開方向不同而已，小說、劇本也可以格式結構化，只是利用的軸心不同。

▌挖掘價值觀

　　要創作文學類文體，首先的步驟是選擇一個載體。因為載體長度會限定一個故事的複雜度，越短的東西能談的

越少。假設選定小說（設定 9 章）或劇本為載體，創作者首先要做的不是寫角色，而是思考這個故事裡面要談什麼「主題」，這個主題不是指類型，而是價值觀。

很多人在創作文學作品的時候都弄錯順序了。一上來先寫角色，先挑類型，一開始就陷入發想的死胡同。創作文學類文體，心中應該要先存有想傳達的重要概念，然後才開始創作。

所謂「類型」（Genre）只是作品在上市時「容易打動很多人」的東西，並不是指一開始就要把故事類型定死。

▌ 選定合適的社會議題

確定想要傳達的價值觀之後，接著去尋找能探討這個價值觀的議題，可能發生什麼樣最勁爆的社會案件。讓我舉幾個例子：《拆彈專家 2》、《絕命毒師》（Breaking Bad）、《讓子彈飛》、《黑錢聖地》（Ozark）。

《拆彈專家 2》探討了退休後對社會報復的拆彈專家，以及我們應如何對待因傷退休的專業人士；《絕命毒師》探討什麼是「壞」、錢的價值；《讓子彈飛》探討土匪想

主持社會正義，想站著掙錢，結果最後忙一場到底是為什麼？《黑錢聖地》是會計師被壞人逼迫洗錢，毒梟、調查官員誰是好誰是壞。

當然這些舉例是我的個人觀點，講的不一定對。但文學類文體的出發點往往是想要探討一個價值議題，透過社會案件去呈現。從上面的例子來說是炸彈案、販毒案、土匪搶官府、洗錢。

▍ 構思主角的職業：新奇與衝突

有了社會事件，就可以決定下一個最重要的元素：主角的職業。

主角一定是這個事件裡最受爭議的人。比如說：拆彈專家放炸彈，化學老師販毒，土匪去當官，會計師洗錢。故事創作的大原則就是要有強烈的衝擊力，換句話說，就是「新奇」和「衝突」：

- 新奇：在一般正常的道德價值觀中不太可能發生的事情。

- 衝突：探討一個價值觀的正反兩面。

因此，在創作之前只要先確定價值觀，找出能夠震驚社會的事件，列出最不可能做這件事的人，這樣就可以立即找到一堆可能的素材。

▊ 前進與後退：主角與反派

在不少故事創作中，往往一開始著重描寫角色的背景與成長過程。往往這種寫法過於冗長且平淡，最終導致故事失去吸引力。

其實在故事的開頭階段，角色不需要太多，兩個就足夠：主角與大反派。主角是在故事中一直努力前進的人，反派則是一直試圖阻止主角前進的人。整個劇情就是圍繞著他們之間的角力，一個努力前進，一個不斷阻撓。

▊ 三幕故事線的鋪陳

回到故事的創作上，一般來說，故事都遵循一個三幕劇結構：

- 第一幕：主角的成長與故事的鋪陳。
- 第二幕：主角與反派的初次交鋒。

- 第三幕：主角與反派的最終對決。

有了價值觀、案件、主角與反派，我們就可以開始填充：

- 主角如何前進？
- 反派如何阻撓主角前進？

在這裡我分享一個劇本中常見的結構。假設一個劇本長度 45 分鐘，那麼在劇本的 1/4 之前就要一個觸發事件（Inciting Event），通常是刺激主角從「平凡人」變成「不凡」的事件。

比如《絕命毒師》的觸發事件是主角華特·懷特（Walter White）被診斷出罹患肺癌。他是一個高中化學老師，本來生活得過且過，但經濟負擔很重。肺癌診斷讓他對未來感到絕望，驅使他去尋找一種不尋常且極度危險的方式來確保他的家庭在他過世後的經濟穩定。他和以前的學生傑西合作，開始製造和銷售冰毒。

這個事件推動了整個劇情的發展，讓懷特深陷犯罪深淵，並導致人格變化，從一個謙卑、害怕的高中老師變成冷酷無情、不擇手段的毒品大亨。時間壓力和生存問題逼迫他做出一連串不得不做的選擇，他的道德和價值觀也跟著逐步崩解。

▌寫出劇本情節線（Plotline），引出主要角色與反派角色

劇本的情節線，或稱為 Plotline，是指故事的情節線索或劇情發展的主軸。

在初步創作劇本時並不需要過度深入細節，我們只需要概述故事的起始、發展、高潮，以及角色之間的互動和劇情的轉折點。

一個完整的劇本情節線應包含主要的情節、衝突、解決策略和結局，以及角色的目標、動機和成長。在劇本創作和電影、戲劇或電視節目製作的過程中，情節線是一個關鍵元素，有助於確保故事的流暢性和吸引力。

當我們擁有了情節線，就可以引入主要角色與反派角

色。主要角色通常會在「第一幕：主角的成長與鋪陳」中出現，而反派角色則會在「第二幕：主角與反派的初次對決」中登場。在這些角色中，總會有一個角色在正反之間跳躍，例如原本一直協助主角的角色，可能會突然背叛並轉向協助反派，或者反之。

▌ 萬物皆卡片：價值觀、社會案件、主角與反派、三幕故事線、衝突與結局

你可能已經注意到，創作劇本的初期並不需要寫出詳細的內容。大部分的時候，我們只需要先寫出「卡片」。

- 價值觀卡片

- 案件卡片

- 主角與反派卡片

- 第一、二、三幕主線卡片

- 主情節卡片、主衝突卡片、結局卡片等等

以卡片為基礎的故事創作，會讓過程變得相對簡單。

比如說主角與反派可能是一體兩面，也就是勇者跟魔王其實是同一種人，魔王其實是道德崩壞的勇者 :)

- 主要角色與支線故事是推動主角前進的力量。
- 反派角色與小衝突則是將主角推向困境的障礙。

劇本創作中有一個術語叫做「麥高芬」（MacGuffin）。它就像是劇情的橄欖球，誰能奪得它，就能取得決定性的勝利，就像《復仇者聯盟》中的無限寶石一樣。故事的發展就在雙方爭奪麥高芬的過程中推進，充滿驚奇與刺激。

▌ 以場景和時間為單位設計衝突

設計故事可以用場景與時間為單位。例如，一部兩小時的電影，每五分鐘設計一個場景，那麼我們就需要創造 24 個場景。

然而故事結構其實是重複且循環的。以《拆彈專家 2》為例，實質上是將 36 個經典故事衝突中提煉 24 個出來，每五分鐘以不同方式轟炸觀眾。

相較之下，一季 20 集的美劇可以講述更多的故事，每一集只需講述一個事件。120 分鐘、45 分鐘、25 分鐘的故事，能講述的內容各有不同。例如《黑鏡》每一集的故事是獨立的，因此劇情雖然深刻，但是角色的立體感不足。因為故事能承載的訊息量取決於載體的長度，越長的載體能承載更多的角色和維度，而較短的載體則容易凸顯想探討的價值觀，但可能會削弱角色的立體感。

█ 用 Excel 輔助生成亂數靈感創意

我從資深編劇那裡聽到這個方法，而且這還是業界的常態。

這世界上有很多輔助創作的模板：

• 類型（Genre）的固定套路及配套的核心價值。

• 故事衝突的固定套路。

• 主角成長的固定套路。

• 「麥高芬」的固定格式。

• 經典情節的固定表現方式。

有時某些類型的刺激強度不夠，或主角的職業張力不足，編劇需要重寫故事或重寫角色，就可以透過 Excel 對這些模板進行亂數抽樣，融合既有的格式激發新靈感，不斷地創作與重寫。

結語

在全書最後，我想總結這本書，並回顧一開始提出的問題。

這本書的目標是幫助讀者解決筆記的困擾，並提供一套簡單且高效的超人筆記方法。我在書中介紹了一套新的筆記流程：記錄→提取→整理→搜尋→應用。

- **記錄**：提出一套「記錄」與「整理」分開的關鍵概念，幫助讀者節省腦力，但能捕獲更多訊息。

- **提取**：提出一套符合大腦科學原理的提取方法，將記錄下的線索格式化成大腦與電腦易於檢索的關鍵字與日期形式，輔以現代科技可以快速找到過去相關筆記內容。

- **整理**：想到整理筆記就令人望而生畏。但是若能像折衣服的流程把資訊「總結」與「歸納」，不需要

那麼耗費腦力就能二次吸收資訊再利用。令人羨慕的長青筆記不是「寫」出來的，而是「整理」出來的。

- **搜尋**：我們討論了筆記的兩大需求：「快速找到過去的筆記」和「用筆記破解想解決的問題」。還介紹了先進的解題方法，讓讀者能夠更好地利用「筆記整理」這個工具，來解決領域應用探索時的難題。

- **應用**：談論整理好「筆記卡片」後，如何整合、應用筆記的流程與方式。如何使用過去筆記累積出來的知識模板，加速生成工作上、非文學類文體、文學類文體的質與量。

最後，我想強調筆記在學習與應用中的重要性和價值。筆記不僅是記錄知識的工具，它還能幫助我們整理思緒、理解概念，並加深記憶。在現代科技的輔助下，我們甚至可以利用筆記進行更深入且高效的探索和創作。

這本書並不厚，結構簡單，可能是我寫過頁數相對少的書了。然而書內所蘊含的資訊量，我相信是這系列裡面較為龐大的。它打破了所有筆記的既有觀念，用科技與流

程重新「發明」了筆記。

我鼓勵讀者實戰學習和應用書中的內容，將這套超人筆記方法應用到自己的學習和工作中，並享受筆記帶來的好處。

最後，再次感謝讀者的支持和閱讀。這本書的內容經過無數遍修改，是我對筆記方法的深思熟慮和實踐經驗的結晶，希望能夠對你有所幫助。

我相信，只要你能建立起自己的資訊消化流程，累積出足夠的知識模板，你的創意和洞見產出質與量就會快速提升。祝你在學習和工作中取得更大的成就！

國家圖書館出版品預行編目資料

打造超人筆記：科學增強記憶、梳理思維、能力攀升的全流程筆記法 /
xdite 鄭伊廷著 . -- 初版 . -- 臺北市：商周出版：英屬蓋曼群島商家庭傳媒
股份有限公司城邦分公司發行, 2023.08
面；　公分 -- (Live & learn ; 113)

ISBN 978-626-318-634-7（平裝）

1.CST: 學習方法 2.CST: 筆記法

521.1　　　　　　　　　　　　　　　　112003345

打造超人筆記──科學增強記憶、梳理思維、能力攀升的全流程筆記法

作　　　者／xdite鄭伊廷
責 任 編 輯／余筱嵐

版　　　權／林易萱、吳亭儀
行 銷 業 務／林秀津、周佑潔、賴正祐
總 編 輯／程鳳儀
總 經 理／彭之琬
事業群總經理／黃淑貞
發 行 人／何飛鵬
法 律 顧 問／元禾法律事務所　王子文律師
出　　　版／商周出版
　　　　　　台北市104民生東路二段141號9樓
　　　　　　電話：(02) 25007008　傳真：(02)25007759
　　　　　　E-mail：bwp.service@cite.com.tw
　　　　　　Blog: http://bwp25007008.pixnet.net/blog
發　　　行／英屬蓋曼群島商家庭傳媒股份有限公司 城邦分公司
　　　　　　台北市中山區民生東路二段141號2樓
　　　　　　書虫客服服務專線：02-25007718；25007719
　　　　　　服務時間：週一至週五上午 09:30-12:00；下午 13:30-17:00
　　　　　　24 小時傳真專線：02-25001990；25001991
　　　　　　劃撥帳號：19863813；戶名：書虫股份有限公司
　　　　　　讀者服務信箱：service@readingclub.com.tw
　　　　　　城邦讀書花園：www.cite.com.tw
香港發行所／城邦（香港）出版集團有限公司
　　　　　　香港灣仔駱克道193號東超商業中心1樓；E-mail：hkcite@biznetvigator.com
　　　　　　電話：(852) 25086231　傳真：(852) 25789337
馬新發行所／城邦（馬新）出版集團 Cite (M) Sdn. Bhd.
　　　　　　41, Jalan Radin Anum, Bandar Baru Sri Petaling, 57000 Kuala Lumpur, Malaysia.
　　　　　　Tel: (603) 90563883　Fax: (603) 90576622　Email: cite@cite.my

封 面 設 計／李東記
製　　　圖／張瀅渝
排　　　版／芯澤有限公司
印　　　刷／韋懋實業有限公司
總 經 銷／聯合發行股份有限公司
　　　　　　電話：(02)2917-8022　傳真：(02)2911-0053
　　　　　　地址：新北市231新店區寶橋路235巷6弄6號2樓

■2023年8月17日初版　　　　　　　　　　　　　　Printed in Taiwan
定價380元

城邦讀書花園
www.cite.com.tw

104　台北市民生東路二段141號2樓

英屬蓋曼群島商家庭傳媒股份有限公司城邦分公司　收

請沿虛線對摺，謝謝！

書號：BH6113	書名：打造超人筆記	編碼：

 商周出版

讀者回函卡

感謝您購買我們出版的書籍！請費心填寫此回函卡，我們將不定期寄上城邦集團最新的出版訊息。

 線上版讀者回函

姓名：＿＿＿＿＿＿＿＿＿＿＿＿＿＿＿＿＿＿＿ 性別：□男 □女

生日：西元＿＿＿＿＿＿＿年＿＿＿＿＿＿＿月＿＿＿＿＿＿＿日

地址：＿＿＿＿＿＿＿＿＿＿＿＿＿＿＿＿＿＿＿＿＿＿＿＿＿＿＿

聯絡電話：＿＿＿＿＿＿＿＿＿＿ 傳真：＿＿＿＿＿＿＿＿＿

E-mail：

學歷：□ 1. 小學 □ 2. 國中 □ 3. 高中 □ 4. 大學 □ 5. 研究所以上

職業：□ 1. 學生 □ 2. 軍公教 □ 3. 服務 □ 4. 金融 □ 5. 製造 □ 6. 資訊

　　　□ 7. 傳播 □ 8. 自由業 □ 9. 農漁牧 □ 10. 家管 □ 11. 退休

　　　□ 12. 其他＿＿＿＿＿＿＿＿＿＿＿

您從何種方式得知本書消息？

　　　□ 1. 書店 □ 2. 網路 □ 3. 報紙 □ 4. 雜誌 □ 5. 廣播 □ 6. 電視

　　　□ 7. 親友推薦 □ 8. 其他＿＿＿＿＿＿＿＿＿

您通常以何種方式購書？

　　　□ 1. 書店 □ 2. 網路 □ 3. 傳真訂購 □ 4. 郵局劃撥 □ 5. 其他＿＿＿

您喜歡閱讀那些類別的書籍？

　　　□ 1. 財經商業 □ 2. 自然科學 □ 3. 歷史 □ 4. 法律 □ 5. 文學

　　　□ 6. 休閒旅遊 □ 7. 小說 □ 8. 人物傳記 □ 9. 生活、勵志 □ 10. 其他

對我們的建議：＿＿＿＿＿＿＿＿＿＿＿＿＿＿＿＿＿＿＿＿＿

＿＿＿＿＿＿＿＿＿＿＿＿＿＿＿＿＿＿＿＿＿＿＿＿＿＿＿＿＿＿

＿＿＿＿＿＿＿＿＿＿＿＿＿＿＿＿＿＿＿＿＿＿＿＿＿＿＿＿＿＿